关键沟通

李旭影◎编著

台海出版社

图书在版编目（CIP）数据

关键沟通 / 李旭影编著 . -- 北京：台海出版社，
2024. 10. -- ISBN 978-7-5168-3995-9

Ⅰ . G78

中国国家版本馆 CIP 数据核字第 202429UT34 号

关键沟通

编　　著：李旭影

责任编辑：姚红梅　　　　　　　　　　封面设计：李舒园
策划编辑：兮夜忆安

出版发行：台海出版社
地　　址：北京市东城区景山东街 20 号　　邮政编码：100009
电　　话：010-64041652（发行，邮购）
传　　真：010-84045799（总编室）
网　　址：www.taimeng.org.cn/thcbs/default.htm
E－m a i l：thcbs@126.com

经　　销：全国各地新华书店
印　　刷：天津海德伟业印务有限公司
本书如有破损、缺页、装订错误，请与本社联系调换

开　　本：640毫米×910毫米　　　　1/16
字　　数：98千字　　　　　　　　印　　张：10
版　　次：2024年10月第1版　　　印　　次：2024年10月第1次印刷
书　　号：ISBN 978-7-5168-3995-9

定　　价：49.80 元

在亲子教育中，沟通非常关键。

一位教育家曾说过："家长教育孩子的最基本的形式，就是与孩子沟通。世界上最好的教育，都是在和家长的沟通中不知不觉地获得的。"然而，不少家长都有过类似的经历：苦口婆心地教育孩子，孩子却不以为然。有时，他们视家长的谆谆教导为唠叨，甚至拒绝和家长沟通。

家长与孩子的沟通通常有两类。一是问与学习有关的，如："有没有听老师的话?""考试多少分?""作业做完没有?"二是下指示、发禁令，如："头发太长去剪一下。""爸爸有事儿，你别打搅我。"这样看来，家长与孩子之间，俨然是两个成年人在沟通。

在那些父母与孩子沟通不畅的个案中，有一个共同点：父母在对孩子说话时，总是从"应该对孩子说什么"的角度出发，很少考虑"怎样说孩子才接受"。他们容易忽视孩子随年龄增长而显著变化的知识储备、心理特征、生活阅历及所处的社会环境。如果父母与孩子沟通的内容与方式不能与孩子的变化相符合，结果往往是与孩子的沟通变得日益困难。孩子在接受教育时是有选择性的，并非所有正确的内容都会接受。他们更倾向于接受那些以他们乐于接受的方式呈现的内容。

沟通是一架桥梁，连接着彼此的心。如果没有沟通，再优秀的教育方式都无法生效。这本《关键沟通》针对现代家庭中常见的问题，深入剖析父母与孩子沟通时的态度、方式、语调、措辞、时机等，旨在帮助父母走出与孩子沟通的误区，让孩子在和谐的亲子关系中快乐成长。

目 录
CONTENTS

第三章　同理心，站在孩子的角度看问题

第四章　让孩子多说，家长好好听着

第五章　孩子内向，也有沟通的办法

第一章

沟通从平等开始

　　"沟通"字面上的意思是：挖一条沟，把两边接通。这条"沟"通了之后，一端地势高而另一端低，那么水就会单向流动。这样的情形适用于农田的灌溉。然而，在人与人的沟通中，有效的交流并非单向的传递，而是需要双方信息的相互流通与互动。而实现这种相互流动，要建立在双方平等的基础之上。只有这样，沟通才能成为真正意义上的双向交流，促进彼此的理解与共鸣。

和孩子做朋友有利于沟通

如果你不知道如何跟孩子沟通，不妨试着跟他做朋友。这种方式不仅可以拉近彼此的距离，还能让孩子更愿意表达自己的想法和感受。家长如果总是以权威的角色出现，会让孩子感觉到压力继而产生抵触情绪。

和孩子做朋友，意味着在对话中与孩子保持平等的地位，而不是居高临下。平等对话让孩子感受到自己的意见被重视，从而更愿意表达自己的想法。家长也可以更多地了解孩子的内心世界，理解他们的需求和困惑，从而更有效地给予支持和引导。

一位父亲在一次访谈中谈到，他与儿子的关系非常融洽，因为他始终以朋友的身份与孩子相处。当儿子因为学业问题情绪低落时，他并没有责备孩子，而是想起了自己小时候因成绩不佳而受到的压力。他蹲下身子，平视着儿子，温柔地说："爸爸小时候也有这样的经历，我知道这很难受。要不我们一起想办法解决，好吗？"

他儿子点了点头，父子俩很快就一起就如何提升成绩而展开了讨论。

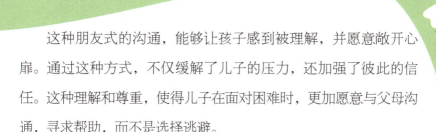

这种朋友式的沟通，能够让孩子感到被理解，并愿意敞开心扉。通过这种方式，不仅缓解了儿子的压力，还加强了彼此的信任。这种理解和尊重，使得儿子在面对困难时，更加愿意与父母沟通，寻求帮助，而不是选择逃避。

如何才能跟孩子处成朋友呢?

1. 共同活动

跟孩子做朋友，可以通过共同活动来增强彼此的互动和了解。无论是一起做运动、玩游戏，还是参与家庭活动，这些都能让孩子感受到父母的陪伴和关爱。尤为重要的是，积极融入孩子的兴趣领域，无论是学业上的探索、体育运动的激情，还是休闲娱乐的乐趣，通过共同的活动，都能增进彼此的了解和信任。

2. 学习他的语言

家长要做孩子的朋友，就必须学会适应孩子的沟通方式，而非强求孩子适应成人的语言模式。避免使用过于复杂或成人化的句子与词汇，以免造成沟通障碍，让孩子感到无趣或难以理解。

3. 开放的态度

在沟通中保持开放的态

度，不要急于评判或纠正孩子的观点。通过开放的态度，孩子会更愿意与你分享他的想法和感受。孩子虽然年纪小，但他同样有自己的想法和感受。父母在与孩子沟通时，应该尊重他的意见，即使这些意见看起来有些幼稚或不切实际。

4. 多倾听他的心声

倾听是沟通的基础。在与孩子的交流中，父母要学会倾听，认真听取孩子的心声，而不是急于打断或发表自己的看法。只有通过倾听，才能真正了解孩子的内心世界。

5. 解决问题

在孩子遇到困难时，父母应与他一起寻找解决问题的方法，而不是单纯地批评或指责。通过积极地参与解决问题，不仅能够促进问题的解决，还能加深亲子之间的情感纽带。

如果你还没有和孩子建立起平等的朋友关系，不妨按照以上几点去做，可以有效地消除隔阂，化解代沟。之后，你就能体会到：和孩子做朋友是一件非常有趣，也是非常快乐的事情。

不做专制父母，让孩子做主

根据上海、天津等6市在对106所中小学校的11098名学生进行调查后发现，创造能力强的孩子大多出自气氛民主自由的家庭。调查通过对子女拆闹钟这一行为的不同反应，来划分家长的教育类型。

"很生气，训斥我一顿"和"警告我以后别再做这样的事"属"强制型"教育方式；"无所谓，反正都已经拆了"属"溺爱型"教育方式；而"赞许，并加以鼓励"和"陪我一同做，并给我讲解相关知识"属"开明型"教育方式。结果发现，"开明型"占54.4%，"强制型"占33.5%，"溺爱型"占12.1%。

也就是说，在大约三分之一的家庭里，孩子的事都是父母说了算，孩子的意见不被父母尊重，导致孩子从小缺乏自主决策的机会，甚至感受到来自父母的压制，这种环境极大地阻碍了孩子与父母之间的有效沟通。

莹莹从会说话的那天起，就喜欢问"为什么"，莹莹不停地问，爸爸妈妈不停地答，不停地学习，与莹莹一起探究世间的奥妙。这种开明的家庭气氛，给莹莹一片思索的天地。莹莹上学后，也喜欢问老师问题。总之，无论在哪里，她都愿意表露其"真我"的一面。

一次，莹莹从学校回来，进门就对正在看报纸的爸爸滔滔不绝地讲起自己的成绩。原来她在中考前的模拟考试中发挥得很好，数学单科还取得了全年级第一名的好成绩。爸爸拍了拍莹莹的肩膀

说："好样的，不愧是我的女儿。"

莹莹非常激动，接着又说了班里的情况，还说了其他同学的成绩。看着女儿兴奋的样子，爸爸实在不愿意打断她的话，心想让她高兴也好，毕竟入学以来第一次取得这么好的成绩。于是，爸爸耐心地倾听，与女儿一同分享这份喜悦。直到第二天，爸爸才温和地提醒女儿，虽然值得高兴，但中考在即，仍需保持谦逊与努力。

莹莹的爸爸不愧是个开明的家长，他在对待孩子的教育问题上，采取"放开手"的方式，从而创建了一个民主和谐的家庭气氛，对莹莹的健康成长大有益处。

一个家庭的民主气氛表现在尊重孩子的个性发展，尊重孩子的发言权、参与权，不把孩子当作私有财产，而是把孩子当作一个有独立人格的个体。在民主平等的家庭氛围中，父母和孩子之间才能相互信任、相互理解、相互尊重。父母要创建民主和谐的家庭气氛，应从以下几方面做起。

1. 信任孩子

父母应避免胡乱猜测，不轻易武断地下结论。如果孩子的同伴告诉你，你的孩子打了人，或是拿了别人的东西，家长不要随意质疑孩子，而要耐心听孩子讲出事情的前因后果。否则，孩子会因为受委屈，慢慢地和父母疏远，变得不信任别人，不愿说真话。若孩子确实犯错，则应及时且恰当地进行教育。

2. 尊重孩子的人格

父母切莫粗暴地伤害孩子的自尊心。有时当孩子在同伴面前偶尔夸大其词时，不要一概斥为撒谎、不诚实，而应理解其可能因年幼而将幻想与现实混淆。由于孩子年龄小，容易把幻想当现实，父母要引导孩子分清是非。有时孩子想要修理坏了的玩具，结果失败了，父母不能采用讥笑的态度："你不是有本事吗？……瞧你有多笨!"更不能在生人面前让孩子下不来台。伤害孩子自尊心，久而久之，孩子就会变成一个不求上进、自暴自弃的人。

3. 明确告诉孩子他的权利和义务

孩子作为一个独立的个体，作为家庭的一员，应该拥有自己的权利，同时，也必须承担一定的义务。因此，父母应明确地告诉他，他拥有哪些权利和必须承担哪些义务。

你跟孩子说心里话，他也会跟你说心里话

特别对于那些性格内向的孩子来说，他们可能不轻易向人袒露心扉，即便是最亲近的人也不例外。如果家长主动向孩子敞开心扉，孩子不仅能更深入地理解你，也会渐渐放下防备，向你敞开他的心门。

家庭教育专家指出，家长只有向孩子敞开自己的心扉，才能得到孩子的认同，从而促进亲子关系的发展。但中国的家长一般很少向孩子表露自己的内心世界，却希望孩子向自己袒露一切。这种沟通上的不对等，无形中成为阻碍亲子关系深入发展的一道屏障。

汤姆·汉克斯是好莱坞的顶级明星，不仅在银幕上扮演了无数深入人心的角色，他在现实生活中的父亲角色同样值得尊敬和学习。他与儿子科林·汉克斯之间的关系就是一个典型例子，展示了如何通过真诚的沟通建立亲子信任。

在科林小时候，汤姆·汉克斯经常与他分享自己的经历和感受，甚至是挑战和失败。他不避讳讨论自己的弱点和内心的挣扎，这种开放和诚实使得科林感受到父亲的真诚和接纳。例如，汤姆曾

在一个家庭聚会中公开分享了自己年轻时面临职业选择的迷茫和焦虑，以及他是如何逐步找到自己的道路。

这种沟通方式极大地影响了科林，使他在面对自己的困难和决策时，也能开诚布公地向父亲寻求意见。科林在一个采访中提道："父亲从不隐瞒自己的感受，这教会了我在面对困难时也要勇敢地表达自己。"

事实上，家长向孩子敞开心扉，表现了对孩子的尊重和信赖。世上没有完美无缺的人。在孩子面前，以一种轻松的方式接受自己的不完美、承认自己的错误，不仅能让孩子感受到更加亲近，从而加深亲子之间的感情，还能向孩子传递出一种坦然、放松的生活态度。

当孩子问家长"你为什么不高兴"的时候，家长应该认真考虑，是否应该与孩子谈一谈、谈多少、怎么谈。如果搪塞地说："没什么"或"不关你的事，去玩你的吧"，那无异于将孩子对家长的关心推开。孩子从家长那里所得到的信息就是：哦，家长的事情与我无关。这实际上是家长自己向孩子关闭了沟通的渠道。

有句名言说得好，"一份快乐与人分享，就会变成两份快乐；一份痛苦两人分担，痛苦就会只有原来的一半"。家长要学会与孩子一起分享喜怒哀乐，在分享的过程中，家长与孩子的关系才会越来越亲密，心与心才会贴得更紧。

　　家长的开放和诚实对于建立孩子的信任感至关重要。第一，孩子认为父母是可以信赖的对象，他们更愿意在遇到问题时向父母寻求帮助。第二，通过分享自己的感受，父母为孩子提供了情感上的支持，让孩子知道在家庭中有人可以理解和支持他们。第三，家长愿意分享自己的故事时，家庭对话会更加深入，这不仅增强了家庭成员之间的连接，也促进了相互理解。第四，家长的行为会直接影响孩子的行为模式。家长与孩子之间的沟通是双向的，家长向孩子坦白自己的内心世界，孩子也会跟家长说心里话。

别只要求孩子认错，家长错了也要认

家长常常要求孩子承认错误，但鲜少有家长能主动向孩子道歉。有些家长，即使做错了也为了所谓的面子而不对孩子认错——毕竟，不道歉，孩子也无可奈何。这其实构建了一种不平等的亲子关系。

专家提醒，家长在要求孩子道歉的同时，也应该以身作则。家长应该以平等的地位看待孩子。家长做错事向孩子道歉了，孩子自然会学会，在犯错时应向家长或受害者道歉。以身作则始终是最有力的教育方法。

故事一：

小舟的妈妈发现钱包里少了50元钱，就一口咬定是小舟拿了。小舟说没拿。妈妈不信，先是"启发"孩子："需要钱可以向我要，但不能自己拿！"后来就越说越生气，警告小舟说："不经允许拿妈妈的钱，也算是偷！"

小舟不服气，母子俩就吵了起来。这时，小舟的爸爸回来了，忙解释说："钱是我拿的，还没来得及告诉你呢。"妈妈这才停止了对儿子的逼问，但又补上一句："小舟，你可要记住，花钱要管妈妈要，可不能偷偷地自己拿啊。妈妈的钱可是有数的！"这让小舟深感被冤枉，长时间都不愿理睬妈妈。

故事二：

已经到吃晚饭的时间，小惠突然"失踪"了。爸爸急坏了，明天就要期中考试了，小惠不在家学习，上哪儿玩去了？

过了一会儿，小惠回来了。爸爸没等小惠解释，就数落开了。小惠没言语，就进屋学习去了。过了几天，隔壁的张叔叔忽然登门向小惠表示谢意。原来那天张叔叔的女儿放学忘了带复习资料，小惠帮着带回来，然后给送过去了。

小惠爸爸一听才恍然大悟，十分后悔，那天不该如此武断地批评孩子。晚上，小惠爸爸十分诚恳地做了自我批评，并向孩子道了歉。这事之后，小惠跟爸爸还是如往常一样亲密。

上面两个故事，可谓一反一正，给人以启迪。在家庭生活中，家长说错了话，办错了事，甚至冤枉了孩子，这都是难免的，关键是发生问题后家长怎样处理。可以说，小惠的爸爸是明智的，而小舟妈妈的行为却是"失人心"的。

没有哪位家长能保证在与孩子相处时永远正确，但关键在于，当发现错误时，是否能勇于承认。比如，明明是自己匆忙之中把钢笔夹在书本中，吃晚饭时却一口咬定是孩子弄丢的。出于无所谓甚至是理所当然的心理，家长往往不肯向孩子认错，不少家长更认为，向孩子道歉有失脸面，会损害自己在家庭中的权威。然而，在家庭教育中，家长如果从不向孩子承认自己的缺点、过失，孩子就

会形成"家长永远正确而实际上老是出错"的错误观念，进而对家长的教诲产生怀疑。而如果在做错事后，家长能郑重地向孩子认错、道歉，孩子就会懂得承认错误并不是一件可耻的事，就会提高分辨是非的能力，尝到原谅别人的甜味。

那么，家长怎样才能做到向孩子认错呢？在向孩子认错时，家长又应注意些什么呢？

1. 改变观念

放下思想负担，正视自身的错误。每个人都有犯错误的权利，同时每个人还有改正错误的义务，不可能因为"为人家长"了就不会犯错，孩子的爱戴并不能使错误自动消失，反而，勇于承认并改正错误，是每位家长应有的担当。犯了错误不必过分羞愧，而应将精力放在改正错误上，只要改了"就是好同志"！因此，向孩子认错并不丢"面子"。

2. 道歉态度自然诚恳

道歉时，家长的态度应当自然且充满诚意，避免显得生硬或敷衍了事。因为孩子的心灵是十分敏感的，他们能够敏锐地察觉到家长是不是在敷衍。因此，家长应用真诚的态度来道歉，不要碍于面子或者身份，确保道歉的话语发自内心，而非仅仅走过场。只有这样，才能真正化解误会，重建信任。

2

沟通要润物
细无声

　　唐代诗人杜甫的《春夜喜雨》中有一名句为"随风潜入夜，润物细无声"。这句诗生动形象地描绘了春雨轻柔、悄然滋润万物的场景。我们在跟孩子沟通时，也要如春风化雨般轻柔地滋养孩子，不能如暴风骤雨般"摧残"孩子。

微笑，是顺畅沟通的最好语言

曾在网上读过一首名为《微笑》的诗，其中有这样几句："微笑一下并不费力，但它却能产生无穷的魅力。受惠者成为富有，施与者并不变穷。"这首诗用凝练的语言，告诉我们微笑是多么美好而神奇。

达·芬奇画的《蒙娜丽莎》之所以征服全世界，就因为蒙娜丽莎若隐若现的神秘笑意。可见，微笑有着超越时空、震撼人心的力量。

飞机起飞前，一位乘客请求空姐给他倒一杯水吃药。空姐很有礼貌地说："先生，为了您的安全，请稍等片刻，等飞机进入平稳飞行后，我会立刻把水给您送过来。好吗?"

15分钟后，飞机早已进入了平稳飞行状态。突然，乘客服务铃急促地响了起来，空姐猛然意识到：糟了，由于太忙，忘记给那位乘客倒水了！空姐连忙来到客舱，小心翼翼地把水送到那位乘客跟前，面带微笑地说："先生，实在是对不起，由于我的疏忽，延误了您吃药的时间，我感到非常抱歉。"这位乘客抬起左手，指着手表说道："怎么回事？有你这样服务的吗？你看看，都过了多久了？"空姐手里端着水，心里感到很委屈。但是，无论她怎么解释，这位乘客都不肯原谅她的疏忽。

接下来的飞行途中，为了补偿自己的过失，空姐每次去客舱给乘客服务时，都会特意走到那位乘客面前，面带微笑地询问他是否需要水，或者别的什么帮助。然而，那位乘客余怒未消，摆出一副不合作的样子，并不理会空姐。

临到目的地前，那位乘客要求空姐把留言本给他送过去。很显然，他要投诉这名空姐。此时，空姐心里虽然很委屈，但是仍然不失职业道德，非常有礼貌，而且面带微笑地说道："先生，请允许我再次向您表示真诚的歉意，无论你提出什么意见，我都将欣然接受您的批评！"那位乘客脸色一紧，嘴巴准备说什么，可是却没有开口。他接过留言本，在上面写了起来。

飞机安全降落。等所有的乘客陆续离开后，空姐打开留言本，惊奇地发现，那位乘客在本子上写下的并不是投诉信，而是一封热情洋溢的表扬信。

是什么使得这位乘客最终放弃了投诉呢？在信中，空姐读到这样一句话："在整个过程中，你表现出的真诚的歉意，特别是你的十二次微笑，深深打动了我，使我最终决定将投诉信写成表扬信！你的服务质量很高。下次如果有机会，我还将乘坐你们这趟航班！"

在跟孩子沟通时，微笑不仅能够传递温暖和爱，也能够让孩子感到安全和被爱。如何让自己面带微笑呢？

1. 真诚关心

微笑源自内心的真诚关心。花时间了解孩子的需求和兴趣，关注他们的感受和情绪。当你真心关心他们时，微笑就会自然流露。

2. 积极互动

跟孩子多互动，如游戏、聊天或共同参与活动。这些互动不仅能增进亲子关系，还能让你在和孩子相处时更容易保持微笑。

3. 保持幽默感

幽默感能够缓解紧张气氛，让亲子关系更加轻松愉快。尝试用幽默的方式与孩子交流，例如，和孩子分享笑话或有趣的故事。

4. 欣赏孩子的独特性

一位真正关爱孩子的家长，其内心的喜悦与欣赏会自然流露于言表，而非仅仅是浮于表面的微笑。每个孩子都有其独特的天赋和特质。家长应当学会发现并培养这些特质，对孩子的每一个进步、每一分努力以及他们的独特成就给予最真挚的肯定与鼓励。

5. 保持乐观心态

积极拥抱乐观的生活态度，是面对人生风雨时不可或缺的盔甲。这种乐观的心态会传递给孩子，同时，保持乐观能让我们在与孩子的相处中自然流露出微笑，因为内心的平和与喜悦是无法伪装的。当你自己感到放松和愉悦时，与孩子的每一次交流都将充满温馨与爱意。

讲道理时，要诚恳、耐心而坚定

你是不是经常遇到跟孩子讲不清道理的情形？

告诉他少吃垃圾食品，可怎么跟他讲道理也没有用。外面下着雨，他非要出门找小朋友玩。医生检查出孩子眼睛出现散光，不能再看手机视频，孩子却闹腾着要看，而且看了一会儿还不够……

确实，关于孩子的品德与健康等方面的教育原则，我们必须清晰明确地传达。事实上，这些教导有多方面的益处，有助于孩子理解规则和规范，还能培养他们的思维能力、情感管理以及自律能力。

许多家长在尝试向孩子讲解这些道理时感到力不从心，主要还是家长没有掌握科学的方式方法。

有一位著名的儿科医生叫内藤。有一天，一位妈妈带着两岁的儿子前来找他看病。妈妈说，一升装的牛奶，这孩子一口气就喝光了。因为对牛奶蛋白过敏，孩子身上长满了疹子，皮肤刺痒得睡不着觉，举止焦躁不安。

孩子妈妈一脸无奈，说自己跟孩子说了很多次不能喝牛奶，喝了会过敏，可是这么小的孩子根本不听，就是要喝，否则就哭闹不止。

内藤医生不慌不忙地将白大褂脱下，蹲在那个男孩面前，看着对方的眼睛。

"你喜欢喝牛奶吗？"内藤医生温和地问道。

男孩点点头。

内藤医生仍然目不转睛地看着他说："如果不让你喝自己特别喜欢的牛奶，你能忍得住吗？"

男孩显出烦躁和不满的神色，并且把脸扭向一边。

内藤医生并不气馁。他跟着转到孩子面前蹲下身子说："喝牛奶会让你身体不舒服，你可以不喝牛奶的，是吗？"不管男孩怎样不耐烦、拒绝回答，内藤医生的目光一直充满着信赖，口气也十分诚恳。

终于，男孩轻轻地点了点头。

果然，男孩回家后不吵着要喝牛奶了，疹子的症状很快消失。一年半后，他妈妈认为可以尝试着给孩子喝点儿牛奶了，可男孩说："医生说能喝我才喝。"妈妈只好又找到内藤先生。

这一次，内藤医生仍然是看着男孩的眼睛，微笑着说："你现在可以试着喝牛奶了。"从那天起，男孩真的又开始喝牛奶了。

内藤医生通过这件事总结出：哪怕是两三岁的孩子，只要他明白了道理，就能控制自己。

在上述案例中，内藤医生通过诚恳、耐心而坚定的态度，让孩子认为自己得到了尊重、信任，并体会到了规则的不容置疑（尽管孩子可能无法用言语表达这些感受或理解相关词汇），从而促使他心甘情愿地配合。

在跟孩子讲道理的过程中，父母应注意以下几点。

1. 在孩子情绪稳定时讲道理

孩子正在闹情绪时，你讲什么他都听不进去，甚至反感。如：孩子在玩一辆心爱的小汽车，妈妈却非要让他停下来去吃饭；孩子受了委屈正在发脾气，爸爸却斥责他马上安静下来。这些做法都难以奏效。这时，父母应尽可能地冷处理，让孩子再玩一会儿，或对他的发脾气不予理睬，等他情绪稳定后，再适时进行引导和教育。

2. 以身作则，树立榜样

家长的行为是孩子最直接的模仿对象。比如，有的家长一边吃饭一边刷手机，却教育孩子专心吃饭不要看漫画。这样的教育自然缺乏说服力。孩子就算一时慑于家长的权威而服从，也会口服心不服，只要一逮住机会就会"违规"。而且，内心会对家长口里的规矩与道理产生怀疑。

3. 通过换位思考讲道理

例如，孩子抢了小朋友的玩具，可以问他："如果别人抢你的玩具，你会不会不高兴？"让他明白自己的行为会如何影响别人。对于年龄大一点的孩子，父母可以问："如果我也是这样做的，你会觉得如何呢?"让孩子学会换位思考,站在别人的立场上考虑问题。这比单纯地说教效果更好。

4. 给孩子申辩的机会

跟孩子说理时,孩子可能会对自己的言行进行辩解,家长应给予孩子申辩的机会。即使孩子的辩解听起来不那么合理,也应给予其充分表达的机会。通过辩论和讨论,孩子能够更深入地理解问题的本质和父母的意图,从而增强教育的效果,孩子才会更加理解你所讲的道理,使教育达到良好的效果。

潜移默化，讲故事说服孩子

经常听家长痛心疾首地诉苦——

"孩子越大越不听话，我们说他一句，他竟然反驳好几句。"

"我磨破了嘴皮子跟孩子讲道理，孩子竟一脸茫然。"

"这孩子就是不争气，骂过、打过……根本不管用。"

别着急，试试"故事说服法"吧！"故事说服法"指的是：把各种教育的道理蕴含在故事中，根据孩子随时发生的情况，通过讲故事的方式达到教育、引导、说服孩子的目的。实践证明，运用这种教育方式，能在轻松愉快的氛围中，达到事半功倍、皆大欢喜的沟通效果。

一个九岁的小男孩，他聪明机灵，但也因此变得骄傲自满，结果被同学们孤立。为了帮助小男孩改正骄傲的坏毛病，年轻的班主任先是说了一大串道理，但并没有让男孩明白自身的错误，反而让他流下了委屈的泪水。情急之下，班主任决定给小男孩讲一个"菊花和葱头"的小故事。

在一个农村老大娘的屋子外，长着一株菊花。菊花老是沾沾自喜："你们瞧，我多美啊！在这地方我是最美的。"而在菊花旁边长着一颗葱头，一颗普普通通的葱头。夏末，葱头熟了，绿色的茎叶蔫了，葱头散发出辛辣的气味。

菊花捂着鼻子。"你发出一股多难闻的味道呀！"菊花对身边的植物说，"我真的感到奇怪，人们干吗要种这种植物呢？想必是为了熏跳蚤……"葱头没有出声，它把自己视为灰姑娘。

这时，老大娘从屋子里走出来朝菊花走去。菊花屏住了呼吸。它想：大娘马上就会说，她的花多美啊。菊花感到有点飘飘然了……

然而，老大娘走近菊花却弯腰拔起了葱头。大娘端详着葱头，惊呼了一声："多好看的葱头啊！"'

菊花感到困惑了：难道葱头这副尊荣也能称之为好看的吗？

小男孩听完这个故事，脸上的泪痕已经干了。从这个故事中，他悟出了一个道理：人各有所长，各有所用，不能自作聪明，看不起同学。而班主任也从这场师生沟通中悟出一个教育孩子的道理，那就是：少讲些大道理，多说点小故事。

这位年轻的班主任叫苏霍姆林斯基，后来成了苏联著名的教育家。苏霍姆林斯基发现了"故事说服法"的妙处后，为了让这种方法惠及更多的孩子，写作出版了《做人的故事》《成长的故事》等童话故事集，用浅显的文字、抒情的语调、优美的故事，来传播有关美、爱、快乐、友谊、责任、价值、品质的道理。

　　的确，讲故事是最好的教育方法。好就好在这种方法不霸道、不空洞、不说教，化枯燥为生动，寓教育于娱乐，于润物细无声中潜移默化。作为家长，如果您被苏霍姆林斯教育孩子的小故事所吸引，并从中悟出一些关于教育的道理，那么，毫无疑问，"故事说服法"是有效的。至少，其效果在您的身上已经体现出来了。

　　关于如何运用"故事说服法"，有以下几个技巧：

1. 选择合适的故事

　　也就说，你要讲的这个故事，恰好能匹配上你要传达的道理。美国故事家吉姆·科认为，"听故事能够打开那些直接教育无法触及的区域，无论是成人还是儿童，都可以从故事的寓意中找到解决

自己问题的稳妥办法"。这表明，故事的内涵不仅反映生活、揭示真理，而且故事对人的塑造产生着积极的教育影响。这要求家长有一定的故事积累。不过，现在是移动互联网时代，任何时候都可以通过手机查找到想要的故事素材。

2. 注意观察孩子的反应

讲故事时，注意观察孩子的反应很重要。如果发现孩子注意力不集中，要分析原因，随时调整策略。年幼的孩子注意力很难集中，妈妈选择的故事一定要简短，要特别容易理解。当孩子开始出现注意力不集中的表现时，可以适当改变自己的语调或将原有的语气表现得更为夸张一些，以引起孩子的注意。听觉上的刺激，可以直接引起孩子的注意。当孩子张口想发表自己的看法时，家长应耐心听完孩子可能不太完整的陈述。不要不耐烦，更不要从头讲到尾不看孩子一眼，不给孩子发问的机会。要知道，只有更好的互动才能更积极地调动起孩子的想象力并活跃其脑细胞。

3. 创设情境

讲故事的过程实际是一个还原生活的过程，鉴于孩子缺乏社会生活经验，往往对故事的内涵领悟较困难。因此，给孩子讲故事，首先应创设一种故事氛围，达到借景生情、置身于境的效果。具体做法可以用"解题"做铺垫，告诉孩子这是一个什么样的故事、要注意哪些情节和人物等。另外，要不断渲染故事环境，让孩子沉浸于故事之中。

唠叨无益，言简意赅最重要

孩子都不喜欢家长唠叨，通常不是捂着耳朵嫌家长烦，就是干脆逃离现场，有的行为较过激的小孩更是会跟家长顶嘴。这些肯定都不是家长想要的结果。那么怎样才能用最方便的方式，直接跟孩子达到有效的沟通呢？

父母会觉得，如果一件事不反复提醒和纠正孩子，孩子下一次依然不会记得。结果，在父母连番的语言"轰炸"下，孩子依然故我。这又反过来让父母更加唠叨，形成恶性循环。

归根到底，原因出在父母不了解孩子的心理，只是一味地把自己的思想强加给孩子，还替这种思想找一个合适的借口"都是为了孩子好"，结果恰恰适得其反。

如何在减少唠叨的同时，说出家长想说的话？

1. 言语简洁

"你怎么又做错了""我告诉过你多少遍，你为什么不记住"……这些话，是不少父母在孩子犯错时的"常用语"。这种沟通方式除了宣泄愤怒以外，既不能改变孩子犯错的事实，也不能帮助孩子改正缺点。相反，对孩子的一味指责，只会让孩子觉得"我不够好"，时间一长，孩子势必会产生恐惧和自卑心理，妨碍孩子的健康成长。在批评孩子时，一定要把孩子和事件隔离开，不能一味地说"你这不好，那不好"，而应该直接说"你不可以做这样的事"或者"你这样做不对"。

批评的话不在多，而在于精，在于实际效果。犯一次错只批评一次，避免再次批评。当我们需要孩子做事情时，一件事只说一遍。这样，才能提高孩子倾听的效率，提高孩子做事的信心，以及让孩子从小就懂得为自己的行为负责。

儿童心理学家建议："父母应避免与孩子进行费力的周旋与较量。"家长在跟孩子说话或提要求时，应该学会用简洁的语言与孩子沟通，站在孩子的立场看待孩子的成长，相信孩子有自我成长的能力。在对待孩子的错误时，能够就事论事，不夸大，不迁移，也不要根据孩子的现状妄加评论孩子的将来。如果总是对孩子管太多，管得太琐碎，什么都要唠叨几句，这样孩子容易产生厌烦心理，反而不会听你的。而平时很少说的，但抓住一些主要的东西一管到底，这样反而更有效。

2. "指令"要简明、严肃

父母在对孩子发出"指令"的时候要尽量清晰具体。如你可以要求孩子："见了叔叔阿姨要问好。"而不是笼统地说："你要对客人有礼貌。"对孩子发出指令的时候，不要同时发出多个指令，这样孩子容易模糊不清，不知道该做哪个，最后会变得烦躁不安。还有，父母一定要统一意见，切忌两人同时对孩子做出不同的要求。

此外，在父母明示指令的时候，要正式明确地向孩子声明同样的指令只发一次。比如吃饭，叫一次孩子没有反应，则不再叫，父母再心疼，也不要担心孩子饿着或吃凉的不舒服。叫孩子起床也是同样，叫一遍不起来，则不再叫，迟到或吃不上早饭的责任让他自己去承担。指令中要多用肯定词，少用或不用否定词，有助于减少逆反和冲突，增加孩子执行指令的概率。如：变"不要贪玩"为"你玩10分钟就去学习"，变"你不要拖拖拉拉"为"你在5分钟内把书包整理好"。

3. 缩小选择范围

你觉得今天有点阴冷，想让孩子穿长裤去上学。这时你不要问孩子"今天想穿什么"，而要问"你是想穿格子裤子还是小白兔裤子"。缩小选择范围，在给予孩子选择的同时，又达到了目的。这样可以避免不必要的矛盾与纠缠。

另外，要求孩子做事的时候用正式的语气和口吻能够达到好的效果，如不呼孩子的小名，而呼全名，甚至在其名字后加上"同学"二字，以增加孩子的自重感。

拥抱一下，这是对孩子最好的安慰与肯定

沟通不限于语言，拥抱就是一种好的方式。发自内心的拥抱能迅速传递内心的感受，传递心中的爱，把语言无法表达的情感传递给对方。

美国著名的心理学家赫洛德·傅斯博士研究发现，拥抱可以让人更年轻、更有活力，并能让家人之间更亲密。父母常常拥抱自己的孩子，能提高他们的心理素质，让他们变得更坚强。同时，拥抱也是对孩子最好的肯定。

心理学研究发现，人类都有皮肤饥饿感，当一个孩子被拥抱时，他的幸福感和安全感也是比较强烈的，这是孩子情感发展的重要基础。拥抱，是一种亲密接触，是心灵真情的表露，是爱心火花的迸发，孩子需要用拥抱来宣泄、表达、欢庆和抚慰生活中的喜怒哀乐。一个长期不被别人拥抱的人，他的心灵和情感都是孤独的，容易形成敏感退缩、脆弱的人格特征。所以，父母平时应多拥抱孩子，以解其"皮肤饥饿"。

情景一：

一天，父亲去学校接生病的儿子去医院吊水，儿子见到父亲，赶紧从后门来到他跟前，他习惯性地用嘴巴靠了靠儿子的额头，以此来感受是否有发热的迹象。一会儿，老师从教室走到门外告诉这位父亲：同学都嫉妒你儿子呢，说他爸爸在拥抱他，他真幸福。这时，父亲看到儿子得意的样子，心里非常高兴。

　　情景二：

　　放学了，母亲去接儿子。"儿子快来，妈妈抱抱，宝贝，今天好像有点不开心，告诉妈妈好吗？"儿子便一一道来，母子俩边走边聊，一会儿儿子就非常开心了。

　　情景三：

　　每次睡觉前，四岁的女儿总要妈妈帮她脱衣服，把腿在妈妈身后绕一圈，双手拥抱着她，然后问："妈妈，你爱我吗？""妈妈爱你！妈妈永远爱你！宝贝睡觉吧！"女儿美滋滋地闭上眼睛睡觉了。

　　看吧，拥抱有多么神奇的功能。给孩子一个拥抱，用身体去接触孩子，让孩子感受到父母的力量、父母的爱，将会给孩子无比的信心。

诚然，每个人在成长过程中都有一个重要的照料者，被照料者和照料者之间紧密的情感联系被心理学家定义为依恋。当父母张开双臂拥抱孩子时，他们在大人的臂弯里感受到了体温。这让亲子之间的依恋关系进一步加强，也给孩子带来了安全感，让他们感到自己无论做什么，都有父母作为坚强的后盾，于是，这样的孩子更有勇气，遇到挫折时也不会轻易退缩。

　　事实上，能经常获得父母拥抱的孩子，在性格塑造与智力发展

方面往往展现出更为积极和优越的趋势。反之，如果缺少拥抱，孩子的性格发展可能会出现偏颇，甚至产生孤僻性格。另外，温暖的拥抱还能赋予孩子战胜压力的力量。孩子从小到大要承受各种压力，上学时有考试压力、交友时有人际压力。而拥抱就是一种无言的力量，让孩子在身心放松的同时，也感受到父母用肢体传递给他动力，那就是"宝贝儿，你一定能行"。所以，在孩子有压力时，这种潜藏在内心的力量就会推动他尽快地释放压力，轻装上阵。

有的父母抱怨，每天的工作都很忙，压根儿没有时间拥抱孩子，也不知道在什么情况下应该拥抱孩子。其实，只要父母用心，一天中的任何时候和任何情况下都可以拥抱孩子，给孩子鼓励。

在不少家庭中，孩子的一天始于父母的唠叨指责之中："你怎么搞的，这么慢吞吞的""你怎么只吃这么一点?""你到底是缺了哪条筋，丢三落四的。"……父母着急上班就不停地催促孩子也跟着忙碌，孩子不仅需要适应这种忙碌的节奏，还要被迫承受情绪化的负面言语，这些言语往往让孩子感到不适，从而影响他一天的情绪。久而久之会影响父母与子女间的关系。而这显然是我们都不愿见到的结果。那么不妨换种方式，效果会出乎你的意料。即使孩子做错了事，或是任性、发脾气，也不妨先给他一个拥抱，让孩子在你的拥抱中稳定下来，然后再说一些你想说的话，例如："刚才你的书还在沙发上，装上了吗?""我们一起抓紧时间，这样就不会迟到了。"这时哪怕你再唠叨，孩子也乐意接受。美好而快乐的一天便由此开始了。

　　傍晚，经过了一天的劳累，大家都回到了家里，进家门的时候给孩子一个拥抱，像朋友一样欢迎他，这样可以获得孩子的信任。一天中有可能发生很多事情，也许孩子得到表扬了，会兴高采烈地跟你分享；也许孩子受到委屈了，那么即使你什么都没说，一个拥抱，孩子也能感受到爱和温暖，一个拥抱可能让孩子的委屈情绪一扫而空。

　　夜深人静，是时候休息了。此时，父母要意识到，不能让孩子带着一天的不良情绪入眠，睡前给孩子一个拥抱，安抚孩子的情绪，可以为他编织一个甜美的梦。

　　总之，拥抱这个再平常不过的动作，对孩子有着魔法般的效果。让孩子在拥抱中成长、在爱中成长吧，这样，孩子也就会懂得如何去拥抱别人、关爱别人。

3 第三章
同理心，站在孩子的角度看问题

同理心是一种共情能力，即把自己假想为对方来体会对方的情感。家长在教育孩子的过程中，要经常站在孩子的角度去观察、思考问题。如此，才能理解孩子并与之顺畅沟通。

不理解孩子时，跟他换位思考

沟通不畅，有时是因为各执一端。就好像看一个长方体，在正上方往下看可能是一个长方形，从正前方看是一个正方形，从侧面看是一个长方体。如果不换到对方的角度，两人怎么沟通也不会取得一致的认知。

一位妈妈喜欢带着四岁的女儿去逛服装批发商场。但每次去女儿都哭哭啼啼，无论妈妈怎么哄都哄不好，弄得妈妈心烦意乱。无意间，妈妈发现女儿的鞋带开了，就蹲下身来为她系鞋带，就这样，妈妈和女儿处在相同的高度了。

妈妈发现，漂亮的时装不见了，眼里看到的都是人的大腿。妈妈终于知道女儿哭闹的原因了。

以上还只是物理上的换位，心理上的换位会带来更显著的感受。著名教育家陶行知曾指出："我们必须要变成小孩子，才配做小孩子的先生。"他还说："你不可轻视小孩子的情感！他给你一块糖吃，是有着汽车大王捐助一万万元的慷慨；他做了一个纸鸢飞不

上去，是有齐柏林飞艇造不成功一样的踌躇……他想你抱他一会儿而你偏抱了别的孩子，好比是一个爱人被夺去了一般的伤心。"

家长要学会站在孩子的角度看问题，理解他们的感受和想法。具体来说，家长可以通过以下几个步骤来实现换位思考。

1. 倾听孩子的声音

放下手机，停止其他活动，全心全意地倾听孩子说话，不打断，不评判。让孩子感受到你的关注和重视。

2. 理解孩子的感受

尝试去体会孩子在某一情境下的感受，比如他们的焦虑、害怕或不安。问问自己，如果我是孩子，我会怎么想、有什么感觉？当你按照这样的思路去思考的时候，可能就会恍然大悟。

3. 回应孩子的需求

在理解孩子的基础上，给予他们需要的支持和帮助。比如，当孩子因为作业多而感到有压力时，父母可以帮助他们制定合理的时间表，而不是简单地要求他们"快点完成"。

4. 与孩子共同寻找解决方案

与孩子一起讨论，找出可行的解决办法。这不仅能提高孩子的解决问题的能力，还能增强他们的自信心和自主性。

通过以上方法，家长可以更好地理解孩子，改善亲子关系，营造一个和谐、温暖的家庭氛围。换位思考不仅有助于孩子的成长，也让家长在教育过程中收获更多的满足感和成就感。

此外，家长也可以引导孩子"换位"——站在"爸爸妈妈"的角度如何看待与处理这个问题。比如，因为下大雨的缘故，妈妈下午去幼儿园接悦悦时，迟到了二十分钟，悦悦为此不依不饶地闹腾。这时候，妈妈可以请悦悦当一回"妈妈"：街道上到处是积水，骑着电动车的时候要不要小心？要是摔倒了怎么办……只要孩子配合你稍微进行换位思考，效果会好很多。悦悦之所以不讲理，是因为她脑子里只有"妈妈迟到了"这一件事。当她明白了妈妈迟到的原因后，也就理解了妈妈。

可见，换位思考真是顺畅沟通的法宝。

角色扮演，增进彼此之间的理解

换位思考可以更好地消除与孩子之间的沟通障碍。而角色扮演可以作为培养换位思考的一个工具，帮助家长和孩子互相理解对方的情感和观点，从而增进家庭成员之间的理解和同理心。

角色扮演是将自己置于他人角色中的一种行为模拟，它允许参与者从第一人称的角度体验和理解他人的感受和想法。在亲子沟通中，这种方法可以打破通常的沟通模式，让双方从新的视角看待问题，发现平时可能忽视的情感需求和心理动态。

想象一个常见的场景：孩子因为在学校的表现不被老师认可而感到沮丧，而家长可能只看到成绩单上的分数。通过角色扮演，父母扮成孩子，试图表达孩子在学校的压力和挫败感；同时，孩子扮成家长，表达对成绩的关注和对孩子未来的担忧。这样的互换角色可以帮助双方更好地理解对方的立场和感受。

王先生一直对儿子小明的学习成绩不满意，经常用严厉的语气逼问他为什么考试成绩提高不了。通过一次家庭角色扮演，王先生扮演小明，小明扮演爸爸。小明用爸爸的口吻，问王先生最近的业

绩如何，排在部门第几名，来年有什么目标，打算如何计划……

一连串的问题，问得王先生直冒冷汗。之后，王先生明白了自己的沟通方式会导致小明压力重重，他决定重新调整自己的教育方式。

通过这种方式，孩子和父母可以更全面地理解彼此的情绪和反应，从而找到更加有效的沟通方式和解决问题的方法。角色扮演还有助于情感的释放，减少误解和冲突，营造家庭内的和谐氛围。

如何有效开展角色扮演？

1. 设定明确的场景和角色

选择具体的日常生活场景，明确扮演的角色，使角色扮演有的放矢。

2. 引导和监督

家长可以先引导孩子了解如何扮演，过程中注意观察孩子的反应，确保角色扮演在安全和积极的环境中进行。

3. 反馈和讨论

角色扮演后，家长和孩子应共同讨论扮演过程中的感受和发现，相互给予反馈，深化理解。

值得指出的是：虽然角色扮演是一种有力的教育和沟通工具，但也需要注意避免过度戏剧化或情绪化，以免造成负面影响。家长应确保活动的目的是增进理解和促进情感交流，而非简单的批评和指责。

角色扮演作为一种换位思考的实践方法，对于促进家庭成员之间的理解和同理心的培养具有重要作用。通过这种互动，父母和孩子不仅能够更好地理解彼此的心理和情感状态，还能学习到如何在日常生活中更加有效地沟通和解决问题。在这个过程中，家庭的每一个成员既是学习者也是教育者，共同在爱与理解中成长。

遇到问题，请与孩子多商量

商量的魅力在于，能让自己更容易深入了解对方的内心真实想法。两代人的沟通，最重要的是相互理解、相互尊重。而实现相互理解、相互尊重的方法就是学会商量。

人与人之间的相互商量非常重要。商量赋予人一种被尊重的感觉。根据马斯洛的需要层次理论，受尊重的需要是人类较高层次的需要。一旦这种需要无法获得满足，人就会产生沮丧、失落等负面情绪。英国教育家斯宾塞说："对孩子要少下命令，命令只有在其他方式不适用或失败时才用。我们应效仿明智的立法者，不以能够施加压力为乐，而应以无须动用强制手段，凭借理解与引导便能达成目标为荣。"

孩子也有受尊重的需要。如果家长经常跟孩子商量，孩子就会非常乐意与家长沟通，反之，孩子则会产生逆反心理，封闭自我。

龙龙的生日在暑假期间。之前，每次生日都是由爸爸安排去附近的旅游景点自驾游一天。这次十岁生日，爸爸刚好出差在外，妈妈对龙龙说："龙龙，明天你生日只能妈妈陪你去玩了。"

龙龙"嗯"了一声，继续玩着手里的积木。

妈妈看龙龙不太高兴，就问："你想怎么过生日呢？"

龙龙放下积木，认真地想了想："我想去乡下外婆家，我好久没看到她了！"

原来，龙龙小时候是外婆带大的，外婆直到龙龙上小学时才回到乡下。妈妈听了，觉得这个主意不错，就问他："那我们带什么礼物给外婆呢？"

龙龙说外婆牙齿不好，所以要买点香蕉，还说要买个榴梿给外婆尝尝。最后，妈妈提醒他："以前你生日，我们都是出门旅游，这次去外婆家，她没有准备，肯定要到处去买菜……"

龙龙说："对呀，外婆买菜很不方便，要不我们明天买了菜带过去，正好给她一个惊喜！"

"好呀，你想想，外婆喜欢吃什么，还有你想吃什么？"龙龙就跟妈妈一起商量买哪些菜带过去。

第二天临走时，母子俩去了蛋糕店。这次，蛋糕也是由龙龙挑选，他看着妈妈花了不少钱，就选了一个比较便宜的小蛋糕。

龙龙在外婆家的生日，过得非常开心。等爸爸回来后，龙龙还眉飞色舞地说起在外婆家过生日的各种事情，脸上堆满了快乐。

看看，这就是"被安排"与"商量"之间的差异！

孩子被安排，首先，他的外在需求未必能得到满足。其次，没有参与感，内在精神需求也没有得到满足。不要以为孩子是你的，就可以随便替他做出决定。孩子年龄虽小，总归是一个人，有权知道关于自己的事情。事实上，只要是家庭的成员，都有权参与家庭事件的讨论与决定。父母与孩子商量，可以营造一种良好的家庭氛围。哪怕是婴幼儿，你们讨论某件事的时候，也可以让他待在一边，即便仅仅是作为一种参与的形式，这对其成长也是极具意义的。对于已经具有一定思维能力的孩子，就更不可忽视他在家中的地位了。

奥马尔有两个女儿。在女儿萨莎初中毕业选择高中时，奥马尔和夫人米歇尔并没有直接为她做决定，而是与她一起探讨了不同学校的利弊。他们讨论了每所学校的教育质量、课外活动以及交通方便性。萨莎也表达了自己希望学校能提供良好的科学课程和音乐活动的想法。

与孩子共同商量问题是一种重要的家庭互动方式，不仅有助于解决问题，还能培养孩子的多种技能，如决策能力、批判性思维和责任感。以下是家长在与孩子商量问题时可以参考的几个步骤。

1. 选择适当的时间和环境

确保选择一个适合深入讨论的时间和环境，最好是在一个没有干扰的安静环境中，比如家中的客厅。确保孩子处于放松的状态，

而不是在他们疲惫或分心的时候。

　　2. 明确讨论的目的

　　在开始讨论前，向孩子清楚地解释要商讨的问题和讨论的目的。这有助于孩子理解情境的重要性，并能够更专注于发表自己的意见和提出相应的解决方案。

3. 鼓励孩子表达自己的观点

让孩子知道他们的想法是被珍视的，鼓励他们自由表达意见。要认真倾听孩子提出的每一个观点，即使观点未必成熟，也不要急于批评或打断，而是应通过提问引导他们深入思考。

4. 采用开放式问题

使用开放式问题来引导对话，如"你觉得我们应该怎么解决这个问题？"或"你有什么想法能帮助我们更好地处理这种情况？"这样的问题可以激励孩子思考更多可能的解决方案，而不是简单地回答"是"或"不是"。

5. 保持耐心和尊重

在讨论过程中保持耐心非常重要。尊重孩子的想法，哪怕他们的提议看起来不切实际。这种尊重会增强他们的自信，他们未来在遇到问题时更愿意主动寻求解决方案。

6. 共同决策

在商量的过程中，尝试与孩子共同做出决策。当孩子的意见被采纳并实施时，他们会感到自己是问题解决过程的重要参与者，这可以显著提升他们的责任感和满足感。

7. 提供指导和建议

在需要的时候提供适当的指导和建议。如果孩子的解决方案不可行，可以引导他们分析原因，并探讨如何改进方案。同时，也可以分享一些你的经验，帮助孩子了解不同的解决策略。

通过这些步骤，家长可以有效地与孩子一起探讨和解决问题，这不仅能够解决当前的问题，还能长远地帮助孩子成长，培养他们成为能够独立思考和解决问题的成年人。

家长要时刻记得，孩子也是家庭重要的一分子，许多事情，要和孩子商量着办。学会与孩子商量，是两代人沟通的好方法。人和人之间，如果互相不沟通、不交流，是无法相互了解的。

情感表达，如何正确表达和回应情绪

情感表达是指通过语言、表情、肢体动作等方式，将内心的感受和情绪传递给他人。在家庭环境中，开放而真实的情感表达有助于建立信任和亲密感。孩子在表达情感时，能够获得家长的理解和支持，会感到安全和被爱，从而更愿意跟家长沟通与分享。

家长正确地表达和回应情绪，不仅有助于孩子的心理健康，还能增进家庭成员之间的理解和信任。

在表达自己的情感时，家长应尽量使用"我"，而不是指责性的"你"。例如，与其说"你总是惹我生气"，不如说"我感到很生气，因为……"。这种表达方式可以减弱孩子的防御心理，使其更容易理解父母的感受。

此外，要清晰具体地描述自己的情感，而不是模糊地表达。例如，当孩子没有完成作业时，家长可以说"我感到很失望，因为我看到你有能力做得更好"而不是简单地说"我很失望"。

家长在表达情感时，应该尽量保持冷静和理智，避免情绪失控。情绪失控不仅不能解决问题，反而会让孩子感到害怕或困惑。

当孩子表达情感时，家长应耐心倾听，不要打断他们。通过倾听，家长可以更好地理解孩子的感受，并给予适当的回应。例如，当孩子因为考试成绩不好而难过时，家长可以说："我知道你现在很难过，这次考试对你来说确实很重要。"

此外，家长还应该用共情的方式回应孩子的情感倾诉，让他们感到被理解和支持。例如，当孩子因为与朋友发生争执而生气时，家长可以说："我能理解你的感受，和朋友吵架确实很让人不开心。"

在表示理解孩子的情感后，家长可以提供适当的支持和建议，帮助他们解决问题。例如，当孩子因为学习压力大而感到焦虑时，家长可以说："我看到你最近压力很大，我们一起来找一些放松的方法，好吗？"

家长在正确表达和回应情绪的同时，还要注重培养孩子的情感表达能力。以下是一些具体的方法。

1. 鼓励孩子表达情感

在日常生活中，家长应鼓励孩子说出自己的感受，无论是快乐还是难过。通过营造开放、无惧的沟通氛围，孩子将逐渐认识到表达情感的安全港湾及其在个人成长中的不可或缺性。

2. 教会孩子情感词汇

帮助孩子建立丰富的情感词汇，让他们能够更准确地描述自己的感受。例如，教孩子区分"生气"和"失望"，"快乐"和"兴奋"等情感词汇。

3. 示范正确的情感表达

家长应以身作则，示范如何正确地表达和管理情绪。孩子会通过观察和模仿，学习如何处理自己的情感。

孩子的秘密，需要帮他保守好

当孩子有了秘密时，你应该为之而高兴。这是孩子在一定程度上长大成熟的标志。对于孩子来说，和家长分享自己的秘密不是义务，而是对家长的一种信任。

帮孩子保守秘密是尊重孩子隐私的重要体现。随着孩子的成长，他们会逐渐形成自己的独立意识和隐私需求。如果家长能够尊重并帮助保守这些秘密，孩子会感到自己的隐私被尊重，进而增强自信心和安全感。相反，如果家长随意泄露孩子的秘密，孩子可能会感到被背叛，从而影响亲子关系的和谐与信任。

上初二的小悦有一个理想：长大了想当作家。为此，她经常给《小作家报》等报纸投稿。比较遗憾的是，陆续投了十几篇，一篇也没有发表。小悦不想让同学们知道，她担心惹来同学们的嘲笑。

一直没有成功发表，让小悦很是沮丧。于是，她找到了爸爸，希望爸爸可以帮帮她。爸爸帮她收集了好几个发表中学生作文的报纸，并跟她分析不同报纸、不同版面的要求。然后，从之前杳无音讯的十几篇投稿作文里挑选了8篇精心修改，有针对性地投了出去。

发送邮件之后，小悦要求爸爸帮她保密。她不想让其他人知道，其中也包括妈妈。她担心妈妈责怪自己"不务正业"，没有把全部精力放在学习上。爸爸欣然同意。

两个多月后，小悦收到一个快递，里面是报纸发来的样刊。看着印刷好的文章，小悦可高兴了！她主动找到妈妈，告诉了妈妈自己发表了文章。妈妈很开心，问她："你自己投的？"小悦回答："是爸爸帮我的！"妈妈很疑惑，说道："我怎么不知道？"小悦笑着回答："因为这是我跟爸爸的秘密！"

之后，小悦又陆续收到了几个快递，都是发表了她的文章的样刊。此时，小悦不再保密，大方地跟同学分享这份喜悦和自豪。现在，她是校园里有名的小作家。

这个案例里，爸爸的处理很明智。在大人眼里，给媒体投稿似乎没什么值得保密的，但孩子的心思不同，他们有自己的考虑与顾忌。哪怕他们的考虑很幼稚，他们的顾忌很荒唐，大人也不要以此为由去公开这个秘密。有时候尽管孩子的秘密看起来幼稚，但对他们来说很重要。

帮孩子保守秘密是和孩子建立信任关系的关键因素之一。研究表明，能够保守孩子秘密的家长，往往能够与孩子建立更深层次的情感联系。所以，当孩子跟家长分享秘密时，家长要做到如下几点。

1. 明确做出对保守秘密的承诺

在孩子请求保守秘密时，家长应明确做出自己的承诺，确保孩子知晓他们的秘密将得到严格保守。这样的承诺如同坚固的盾牌，为孩子的心灵提供庇护，极大地增强了他们对家长的信任感与安全感。

2. 避免随意泄露孩子的秘密

家长在任何情况下都应避免随意泄露孩子的秘密，尤其是在

公共场合或与他人交谈时。随意泄露孩子的秘密不仅会破坏亲子关系，还可能对孩子的心理造成伤害。

3. 适时提供建议和帮助

在尊重孩子秘密的同时，家长也应适时提供建议和帮助。

4. 不要探听孩子的秘密

家长应尊重孩子的隐私权，不随意查看孩子的日记、手机或个人物品。尊重孩子的隐私权，是建立信任关系的重要前提。

秘密是一场"说"与"不说"的游戏，当孩子有了秘密后，意味着他诞生了内心世界；当孩子考虑要不要把秘密说出来的时候，说明他已经具有了追求独立的愿望；当孩子要求别人为自己保守秘密的时候，表明他已具备初步的责任感。作为父母，应积极站在孩子的一边，帮孩子保守秘密。

告诉孩子：我爱你

　　"你会对孩子说'我爱你'吗?"某网站对此话题曾做过一项调查，调查结果显示：有75％的父母在孩子处于婴儿懵懂的时期表达过，大部分父母在孩子三岁上幼儿园以后就很少直接地表达对孩子的爱了，相应地，孩子就更少向父母表达感情。鉴于家庭表白气氛严重缺失的现状，广州某亲子网举行了一场亲子活动，20多个家庭参加了此次活动，其中的"真情告白"环节引发了全场高潮。当音乐响起时，父母向孩子读出了事先准备好的真心话："孩子，你真听话，真有出息。""孩子，你是我们的宝贝，爸爸妈妈永远爱你!"……也许是父母的热情感染了孩子，天真无邪的孩子也用稚嫩的声音回应道："爸爸妈妈，我爱您!"顿时，温馨的气氛感染了在场所有的人，不少人热泪盈眶，感动得说不出话来。活动中，亲子之间互相传达爱的信息，拉近了彼此的距离。父母怎么也没有想到，轻轻的一声"我爱你"，竟会产生如此神奇的效果。

　　这是一位90后母亲的日记：

　　吃晚饭的时候，七岁的女儿还是像平常一样不安分地到处乱跑，怎么也不肯老老实实地坐下来吃饭。我说了她几次，她也充耳不闻，继续着自己的活动。我一气之下，指着她的鼻子大声说："你爱吃不吃，反正我已经不喜欢你了，不爱你了。"女儿听了以后，回头看了看我，随即问道："那爸爸呢，爸爸爱我吗？"我随口回答："不爱，你这么不听话，我们都不爱你了。"然后，我就再没有理睬她，开始埋头忙着自己的工作。

过了好半天，我忽然发觉屋子里很是安静，没有看到女儿折腾来折腾去的身影，也没有听到她嚷嚷的声音。我抬头看了看爱人，他正在看电视，身边也没有了那个平常紧紧依偎的小身影。我诧异极了，站起来仔细察看，一转脸，发现了那个丫头，她正安静地坐在沙发的一端，低着头掰着手指头，好像还有些抽噎，我有点不解，走过去，坐在她身边，慢慢地托起她的脸。看到小小的脸上居然还有泪珠，我急切地问："宝宝，怎么了？"女儿听到我的问话，这才睁大眼睛看着我，一字一句地慢慢说道："妈妈，你为什么不爱我了？爸爸为什么不爱我了？你们都不爱我了，我怎么幸福呀？"说完以后，她搂着我委屈地大哭起来。

像事例中的小女孩一样，天下的孩子无不希望得到父母深深的爱，而父母对孩子表达"我永远爱你"是何等的重要。但是，有许多父母并没有意识到这样表达的重要性，他们觉得，自己与孩子天天在一起，还需要语言表达自己的感情吗？行动就是最好的见证。

其实不然，"我永远爱你"对孩子来说，不仅仅是一种承诺，更多的是父母对孩子的肯定。再没有比这更让孩子感到高兴的了。

对孩子说"我永远爱你"、向孩子表达爱有很多好处。向孩子表达爱，可以消除孩子在生活中的消极情绪，特别是孩子的焦虑。有的孩子学习成绩不佳，他们闷闷不乐的主要原因是担心与父母的关系。瑞士心理学家维雷娜·卡斯特说，孩子最强烈的焦虑来自最高价值被最重要的亲人所否认。最高价值是什么呢？就是爱与被爱。如果父母让孩子认为，他成绩不好就再也不配得到父母的爱，也没资格去爱父母，那么孩子一定会陷入极大的焦虑中。这是至关重要的一点。孩子无论看起来多么在乎朋友和老师的评价，他们最在乎的仍是父母的认可。因而，如果父母与孩子能保持一种稳如磐石的关系，父母经常对孩子说，"无论你怎么样，我们都一如既往地爱你，认可你。"那么，孩子的焦虑就会得到很大程度的缓解。

在适当的时机向孩子直接表达自己的爱意，可以增强孩子的自信心和自尊感。在孩子的成长过程中，父母就像一面镜子，不断地反射出孩子的一切，当听到那些鼓励、赞许以及充满爱意的话时，孩子觉得自己得到了认可，他会感到骄傲，由此，自信心也会增加，而那些长期得不到肯定的孩子，则会变得胆小、没主见，长大后习惯被安排做事情，缺乏创造性。

生活中，父母一句充满爱意的话往往会让孩子感到莫大满足，当孩子做了一件让父母高兴的事时，父母要及时说："孩子，你真棒，我们爱你。"当孩子遇到挫折时，父母要说："不要怕，我们爱你，我们都希望你能坚持下去。"当孩子犯错时，父母要说："你做的事情我们不同意，但我们爱你，并希望你改正错误。"孩子是很敏感的，很在乎父母对自己说的话，一句真真切切的话能抚慰他们的心灵，尤其对于懂事的孩子来说，父母爱的表达可能会消除彼此之间的隔阂，令亲子关系更进一步。

除了用言语表白外，鼓励的眼神、甜蜜的抚摸等都是很好的爱的表达方式。父母经常对孩子说："我爱你！""真高兴，你是我的宝贝！"等，会慢慢地帮助孩子塑造坚韧的性格。同时，孩子得到父母明确的爱，成长的道路就会更顺畅、更广阔，会主动做到遇事不惊、沉着冷静，并善于调节自己的情绪。

4

让孩子多说，
家长好好听着

　　只有家长单方面地教育输出不叫沟通，叫灌输。沟通是两种思想的交融。家长要让孩子多表达自己的想法，这样才能更全面深入地理解孩子，同时也能锻炼孩子的沟通水平。有句谚语："用十秒钟的时间讲，用十分钟的时间听。"善于倾听，是亲子顺畅沟通的一个要诀。

开放沟通，营造安全的对话环境

可能会有不少家长说：我也想倾听呀，可是孩子都不跟我说话，我怎么倾听他的心声？

孩子不想跟家长说话，是因为欠缺一个安全的对话环境。家长需要用心打造这么一个环境，让孩子在交流中感受到被尊重和理解，从而更加开放地分享他们的感受和想法。

张先生总是埋怨十三岁的女儿小梅跟自己无话可说，为此他找到了心理咨询机构寻求帮助。咨询师通过深入了解，得知小梅在十岁前跟张先生很亲昵，有很多话说，但是张先生经常因为一点小事就指责小梅。还动不动就打断小梅的话，要求她停止"狡辩"。这种沟通模式逐渐累积，让小梅感到沮丧与不被尊重，最终导致她失去了与张先生深入交流的意愿。

张先生与女儿的沟通出现问题，是因为他没有提供一个开放的交流氛围让孩子自由表达自己的想法和感受。孩子一开口，就被漠视、打压与指责，这样的环境无疑剥夺了孩子的安全感，使他们感

到难以被理解和接纳。

那么，家长该如何营造安全的对话环境？

1. 给予孩子表达的自由

让孩子在家庭中有表达的自由，而不是受到限制和压制。家长应鼓励孩子说出他们的想法和感受，无论是积极的还是消极的。通过这种方式，孩子会感到被尊重和理解，更愿意在未来继续与父母沟通。

2. 鼓励孩子发言

家长可以通过鼓励孩子提出问题和发表意见，来促进这种氛围

的形成。例如，周末家庭聚餐时，家长可以让孩子谈谈一周的经历和感受，并认真听取他们的意见和反馈。这种开放的交流不仅有助于了解孩子的内心世界，也能增强家庭成员之间的情感联系。

3. 通过非语言沟通传递关爱

非语言沟通如眼神接触、肢体语言和面部表情，同样在开放沟通中起到重要作用。当孩子和父母说话时，父母应给予专注的目光，点头示意，表现出对孩子的关注和理解。例如，丽丽在学校遇到了困扰，她回家后向妈妈诉说。妈妈放下手中的工作，专心听丽丽讲述，并用温暖的眼神和轻拍肩膀的方式表示支持。这样的非语言沟通让丽丽感受到了妈妈的关爱和支持。

4. 避免指责和批评

在沟通过程中，避免使用指责和批评的语言。相反，家长应以建设性和支持性的态度与孩子交流。例如，当孩子成绩不理想时，与其说"你怎么这么不努力"，不如说"这次考试不理想，我们一起来找找原因，看能怎么改进"。这种沟通方式不仅能减少孩子的抵触情绪，还能激发他们改进的动力。

5. 正面强化，激励孩子表达

通过正面强化来激励孩子表达，是建立开放沟通环境的重要策略。当孩子勇敢地表达自己的想法和感受时，家长应给予肯定和表扬。例如，孩子主动分享他在学校的经历时，家长可以说："谢谢你和我分享这些，我很高兴你愿意告诉我。"

一边倾听，一边积极回答

中国台湾作家李敖在谈到对孩子的养育话题时曾指出，一个婴儿降生到这个大千世界，世界上的一切，对他来讲都是陌生的、新奇的，所以，他对什么都好奇。好奇是对自己所不了解的事物的一种求知欲，好奇心能促使孩子的大脑对刺激物产生兴奋中心，产生一种发现与探索的欲望。然而，可惜的是，随着童年期的过去，许多人的好奇心渐渐地消失了，这往往是由不正确的教育方式造成的。所以，在孩子的早期教育中，家长要特别注意保护孩子探索事物的好奇心，当孩子提出各种"为什么"的时候，家长不论多忙，都应该认真倾听并以热情的态度解答。即便某些问题解答起来颇为烦琐，但也应尽力而为，通过引导与启发，帮助孩子培养观察力、发现力和对新事物的好奇心与认知能力。

1847年2月11日，在美国俄亥俄州的一个叫米兰的小镇上，一个长着圆脸蛋、蓝眼睛、淡色的头发的小男孩降生了。男孩长得很秀气，跟妈妈像极了。但男孩的身体却很单薄，仿佛一阵风就能吹倒，那份柔弱让人心生怜爱；可他的脑袋很大，这种不协调的比例不禁让人忧虑，担心他长大后，他的脖子是否能支撑起这大脑袋。

这个小男孩就是后来闻名世界的"发明大王"托马斯·阿尔瓦·爱迪生。爱迪生从小体质比较弱，却爱动脑筋。他的好奇心特别强，老爱问为什么，一有想不明白的事情就问，问了还转着眼珠想。

"为什么石头长得不是一个模样?""为什么凳子有四条腿?""金子到底是什么?"小爱迪生凡事"打破砂锅问到底"的好奇心没有受到爸爸妈妈的斥责，反而获得了高度的肯定。他妈妈是小学老师，深知"好奇是打开神秘知识宝库的一把万能钥匙，没有好奇心的孩子成不了大器"。所以，每当爱迪生问她"为什么"时，她总是微笑着耐心地把其中的道理娓娓道来。这个时候，爱迪生总是歪着大脑袋，睁大眼睛认真地听着，听完后，马上还会有一大堆新的"为什么"从他的头脑中冒出来。

问题的存在是思维的起点，当孩子问"为什么"的时候，其实代表孩子正在主动思考。同时，孩子爱提问、爱质疑，正是好奇心和求知欲的外在表现，孩子向父母、老师、书本发问的过程，就是积累知识的过程。教育家陶行知说："发明千千万，起点是一问。"孩子发现问题的能力很重要。质疑是创新思维的源泉，是孩子在学习的过程中另辟蹊径、探索新知识的重要途径。一般来说，孩子见到、听到的事物越多，提出的问题也就越多，提出问题越多的孩子，知道的也就越多。所以，家长一定要善待孩子的提问。

1. 接纳孩子的问题

孩子经常提出一些令人忍俊不禁、无法回答的问题，如果家长不接纳孩子的问题，只是一笑置之，敷衍了事或粗暴制止，久而久之，孩子就不想再问了，这将导致其智慧的萌芽逐渐枯萎。因此，家长必须重视孩子提出的问题。

2. 尽可能立即回答

孩子的注意力一般是不持久的，家长如果没有立即回答，孩子或许会很快忘掉刚刚提出的问题，或会降低对问题的兴趣，这些都会影响其智力的发展。当然，这里所说的立即回答，并不是主张马上把问题的标准答案直接"告诉"孩子，而是说应该立即考虑孩子所提出的问题。家长应当通过思考这些问题，引导孩子进行深入的思考与探索，从而激发他们的思维活力，促进其各方面能力的发展。

3. 听完后以问代答

为了鼓励孩子养成有问题先自己动脑筋思考的习惯，对孩子的问题可适当地反问，反问时要启发、引导，问题的难度要适宜。平时，许多父母惯于用"对"与"不对"、"可以"与"不可以"、"好"与"不好"等词肯定或否定地回答。如孩子问："妈妈，你看我算得对不对?"妈妈回答："对。"孩子问："爸爸，这朵花漂亮不漂亮?"爸爸回答："不漂亮。"这样的回答虽然简洁明了，但不如回答"你认为怎么样""你认为美吗"更能促进孩子的思考。如果孩子回答"不美"，你可以追问"为什么不美"。总之，经常用反问（不是质问）的方式，能促使孩子主动积极地思考问题，并渐渐地形成对周围事物特有的、属于自身的认识。

4. 间接回答

家长经常会遇到这样的情况：孩子的提问很简单，可答案却并不简单，有些现象在大人眼里很普通，可对于孩子来说还是很难理解。这会使得家长左右为难，有时即便回答了，孩子也不满意。这种连续几次之后，孩子可能就不那么热衷提问，对事物失去了应有的好奇心。如四岁的孩子问"太阳为什么会落"这个问题，家长用地球绕着太阳转来回答，孩子肯定不能理解。因此，要根据实际情况和孩子的年龄特点，采用拟人化的方法给予间接回答，比如"一到晚上，动物们回家睡觉了，太阳公公也到山的那边休息去啦"。这样的回答虽然不符合相关科学原理，却能使孩子的好奇心得到满足。

5. 一起研究

遇到无法解答或难以系统而科学地回答的问题时，家长应和孩子一起找资料研究。当然，在此过程中，要边查找边用孩子能够理解的语言向孩子解释。这样做最重要的一点是，会使孩子从小养成查字典、看书的习惯，而将来遇到什么疑难问题时，孩子也就懂得如何自己去找答案了。

"好问是求知，是探索，是思考的花园里开出的花，是智慧的夜幕中闪着的光。"疑问是开启成功之门的钥匙，遇事总问个"为什么"，有助于培养孩子积极动脑的习惯，勤问"为什么"能帮助孩子建立起对事物的浓厚兴趣，而只有对某种事物有兴趣，孩子才有可能在这一个领域里有所建树，获取成功。父母应鼓励孩子提问，培养孩子多问"为什么"的习惯，这是开发孩子好奇心的最佳方法。

及时回应孩子的各种问题

要赏识孩子的发现，就要善于观察孩子，及时看到孩子的新发现。当孩子向父母报告新发现的时候，父母一定要像对待重大发现一样满怀热情，分享孩子的快乐，同时给予积极的回应，鼓励孩子发现更多的新事物、探究世界的奥秘。

一次，小达尔文问妈妈："妈妈，泥土能长出人来吗?"

妈妈笑道："不能呢，孩子。人是妈妈生的，不是泥土里长出来的。"

小达尔文又问："我是妈妈生的，妈妈是姥姥生的，对吗?"

"对呀! 所有的人都是他的妈妈生的。"妈妈和蔼地回答他。

"可是，我一直弄不明白，最早的妈妈又是谁生的呢?"达尔文进一步问。

"是上帝!"妈妈回答说。"那上帝又是谁生的呢?"

小达尔文打破砂锅问到底。妈妈答不上来了，但她没有生气，而是温和地说："孩子，你为什么要问这个问题?"

小达尔文说："最近我一直想弄清楚，谁是世界上第一个人。"

妈妈启发道："孩子，世界上有好多事情对我们来说都是未解之谜，等你长大了，就去破解这些谜好吗？"

从此，达尔文对花草树木、鸟雀虫鱼表现出极大的兴趣。上学以后，他仍然保持着这种兴趣。

类似这种"打破砂锅问到底"的事情，相信每一个家长都遇到过。不少家长会被孩子问得很恼火。如果你换个角度，带着赏识的眼光去夸奖他，引导他，孩子自然更乐于与家长沟通。

孩子不但善于发现"新鲜"事物，也有着对新鲜事物刨根问底的好奇心。他们一旦有了新发现，就会向自己的爸爸妈妈提出这样那样的问题。因此，家长一定要保护好孩子的这种热情，把这种热情化作求知的动力。

在爱迪生很小的时候，有一天，母亲正在厨房忙着，爱迪生好像有了惊人发现似的跑来，睁大眼睛问："妈妈，咱们家的那只母鸡真奇怪，它把鸡蛋放在屁股底下坐着，为什么？"

母亲呵呵笑了，她放下手里的活，认真地对爱迪生说："鸡妈妈那是在孵小宝贝呢！她把那些蛋暖热后，就会有小鸡从里面钻出来。你看咱家那些毛茸茸的小鸡，它们都是被鸡妈妈这样暖出来的。"小爱迪生听了，觉得真神奇。他认真想了一会儿，抬头问道："难道把蛋放在屁股底下暖和暖和就能把小鸡孵出来吗？""对啊，就是这么回事!"母亲微笑着点头。

儿子总算不再提问了。可等到饭做好了,母亲忽然发现小爱迪生不见了,哪儿都找不到,母亲急了,大声喊儿子的名字。这时,听到从库房里传来他的答应声。母亲觉得很奇怪,过去一看,原来爱迪生在那儿做了个"窝",里面放了好多鸡蛋,他正一本正经地蹲在上面。母亲更奇怪了,问道:"你在干什么啊?"爱迪生说:"妈妈,你不知道吗?我在孵小鸡啊!"看到儿子一本正经的样子,母亲乐了。

母亲得知儿子上学时曾经受到过老师的误解,决定到学校问明情况。谁知老师当面数落她的儿子:"他脑子太笨了,成绩差得一塌糊涂,总是爱问一些不着边际的问题。我们真教不好你的儿子。"母亲替儿子辩解说:"问题多是因为孩子爱思考,好奇心强,求知欲旺盛。他的智力绝对没有问题,而且比别的孩子还要聪明很多。既然你认为我的孩子不可救药,那我就把他带回家吧,我自己来教他。"

从此,爱迪生的母亲当起了儿子的家庭教师。对于儿子稀奇古怪的问题,只要她知道的，就努力回答；不知道的，就让儿子去看书查找答案。当她发现儿子对物理化学很感兴趣后，就给儿子买了本《派克科学读本》，她还劝丈夫把家里的小阁楼改造成儿子的小小实验室。

就这样，在这个不怕被问"为什么"的母亲的教育下，爱迪生虽然没有接受系统的学校教育，却有许多伟大的发明，为人类社会的发展做出了巨大的贡献。

每个人的心灵深处都有一种根深蒂固的需要，就是希望自己可以得到别人的赞赏与喜爱，而在儿童的精神世界中，这种需要特别强烈。的确，孩子在意每一个人对自己的看法，他们的最大愿望就是得到他人的关心、赞美与喜爱。当他们获得的肯定与赏识的信息越多，他们对自己的信心就越足，就越容易觉得自己是个成功者。这种积极的心态，能激发孩子的求知欲与上进心，使其表现得更加出色。因此，让孩子在充满赏识的家庭氛围中成长，是每一个家长义不容辞的责任。

抓住孩子话语中的关键词语

父母听孩子说话不能只是听见，更重要的是听懂。对语词、语句、句群以至整句话的意义的理解与把握，是听话能力的核心。倾听时不仅要用耳，还要用脑，边听边思考接收到的各种语言信息。一定要尽可能迅速地抓住关键词语，只有准确地理解了关键词语，才能正确地理解整句话的意义。实际上，在快速流逝的语速中，父母不应只是在听声音，而应该听思想。除了对词句的听辨外，还要注意语调、语气、重音、停顿等种种因素。

邹忌是战国时期齐国的丞相，位居高位后，即使有错误，也无人敢谏言。

一天，大臣淳于髡来到邹忌的府上，说有一些问题向丞相请教，他说："儿不离母，妻不离夫，这样做对不对？"邹忌说："对极了，所以我们做臣子的不敢离开君王。"淳于髡又问："车轮是圆的，水往下流，对不对？"邹忌又说："完全对，方的不能转动，水不能倒流，我必须顺应民心民情。"淳于髡又说："貂皮破了，不能用狗皮补，对不对？"邹忌说："没错。我绝不能让小人占据高位。"

淳于髡说："造车得算准尺寸，弹琴必须定好调，对不对？"邹忌说："对。我一定要严明纪律。"淳于髡说完后站起身，向邹忌行过礼，扬长而去。

学生问淳于髡："您不是说给邹丞相提意见吗？怎么一个字也没沾边呢？"淳于髡笑道："丞相已经完全明白了我的意思，还用明说吗？"

在这个故事里，听话者从字面的话语含义中听懂了说话者内在的含义。从这个故事中，我们可以知道，只要抓住对方说话的主旨，就能正确地理解对方的意思，并且可以高效地解决问题。因此，话语理解力是听说能力的核心，是听话水平高低的重要标志。为了提升语言敏感性，我们应当擅长从发言者的言辞间，提炼关键词，敏锐捕捉并理解那些未明确言说的深层含义与弦外之音，这样做能够显著降低误解的发生概率。

所谓的关键词，指的是描绘具体事实的用词，这些用词透露出重要的信息，同时也显示出对方的兴趣和情绪。把握谈话中的关键词是倾听过程中的重点。因为把握好关键词能够让我们获取更多的信息，从而掌握沟通的主动权。透过关键词，可以看出孩子喜欢的话题，以及孩子对父母的信任。

找出孩子话语中的关键词，可以帮助家长决定如何回应孩子的说辞。家长把注意力集中在重点上，才能比较容易地从孩子的观点中了解整个问题。只要能够聚焦于核心要点，就能有效避免遗漏对方话语中的关键信息或主要内容，从而节省宝贵时间，减少因误解而做出的错误假设。

作为家长，需要不断地练习来提高自己的倾听水平。首先加强自己的知识积累，这是理解力的前提。其次，还要能对别人的长篇大论进行简短的总结。另外，我们还可以练习速听，看自己能否瞬间抓住主旨。经过反复的练习，相信我们的倾听技巧会更加娴熟。

孩子申辩，正是沟通的好机会

允许孩子为自己申辩，意味着家长愿意倾听孩子的意见和理由，而不是单方面地做出判断和决定。这样有助于增强孩子的自信心，当孩子知道自己的声音被听到后，他们会更加自信，敢于表达自己的观点和感受。通过申辩，孩子能学会如何分析问题、组织语言和提出论据，这对于他们独立思考能力的培养至关重要。此外，孩子通过申辩还能增进家长与孩子之间的理解和信任，减少冲突和矛盾。

有一天，表妹来家里做客，小主人夏柱把表妹带到他的房间玩。刚开始，妈妈还听到两个小家伙在房间里玩得挺开心的。过了不久，妈妈就听见房间里传来了表妹的哭声，妈妈闻声跑进去，发现夏柱居然拿玩具熊打表妹的头，妈妈赶紧把两个孩子扯开，并且批评夏柱说："你怎么能欺负妹妹！"夏柱刚想解释说："是因为……"妈妈就打断他："你打了人还狡辩？"夏柱委屈得"哇"地哭了起来。

生活中，类似的事例数不胜数，在家长看来，犯了错误还要进行解释的行为，是孩子在狡辩。他们认为，孩子申辩是跟大人"顶嘴"，是一种没有礼貌的行为。事实上，从某种意义上说，孩子申辩是有主见的表现。家长却剥夺了孩子申辩的权利，这样强制性的行为可能会给孩子的成长带来一系列危害。

　　首先，导致孩子产生逆反心理。生活中，有的孩子犯了错误，

会试图找出理由为自己辩护，其目的无非是求得父母对自己的谅解，这种心理很正常，也是孩子鼓足了勇气才这样做的。如果父母武断地加以"狙击"，孩子会认为父母不相信自己。对父母的这种"蛮横"做法，孩子虽不敢言，但心不服，以后孩子即便有更充足的理由也不会再申辩了。孩子一旦形成了这样一种心理定式，父母的批评他根本无法接受，就会把训斥权当耳边风。

其次，导致孩子形成认知障碍。一些犯了错误的孩子，由于没有真正认识到错误而与父母争辩，而这时父母简单粗暴地不给孩子争辩的机会，不让其通过"辩"来分清是非，以致根本性的问题没有得到真正解决，由此，孩子的认知就会逐渐产生偏差。

最后，可能扼杀了孩子的新思想。一个想"顶嘴辩解"的孩子，往往能将是非善恶权衡在自己的评判标准上，显示了不唯命是从、求是明理的思想特质。许多孩子正是在有所听和有所不听的过程中，逐步具备了认识问题、处理问题的能力。而父母"不许顶嘴"的高压使孩子产生了唯唯诺诺的心理，这让他们以后如何创造性地解决问题、处理问题？

所以，家长一定要给孩子申辩的机会。可以通过以下几点加强与孩子的沟通：

第一，耐心倾听孩子的申辩。孩子需要申辩，说明他有表达"委屈"的愿望。这个时候，家长不要急于凭主观臆断或一面之词而妄下结论。应该耐心、真诚地去倾听孩子辩解的理由，并且加以具体分析。只有这样，孩子才能感觉到家长足够的尊重。这样，他们说话的时候，思维才能更流畅，也更敢于表达自己的立场。

第二，为孩子营造申辩的氛围。在孩子为自己的行为申辩时，家长不妨因势利导，充分让孩子申辩，培养他们敢想、敢说的良好习惯，这样做的目的，能使孩子既明事理，又练口才。

第三，引导孩子学会自我分析。让孩子申辩并不是让孩子牵着大人的鼻子走，而是鼓励孩子说话、表达的时候认识到自己的错误，正视存在的问题，鼓足信心去克服它。这样，孩子才能够变得更加的能言善辩，更能在成长中明辨是非。

沉默也是一种沟通，尊重孩子的沉默

　　家长与孩子的沟通不仅仅是言语交流，有时沉默也蕴含着深刻的意义。尊重孩子的沉默，是理解他们内心世界的重要方式。

　　孩子沉默的原因有很多，可能是因为内心的困惑、情绪的波动，或者是因为他们需要时间来思考和消化外界的信息。在一些情况下，孩子的沉默可能是一种自我保护机制，帮助他们在面对复杂情感时维持内心的平衡。

　　涛涛是一个十二岁的男孩，平时性格开朗，喜欢与父母分享学校生活的趣事。然而，突然有段时间，他变得异常沉默，放学回家后常常一个人待在房间里，不愿与父母交流。涛涛的父母起初感到困惑和担忧，多次尝试与他交谈，但涛涛总是沉默以对。

　　经过一段时间的观察和耐心等待，涛涛的父母意识到，儿子在学校可能遇到了问题。他们决定尊重涛涛的沉默，不再强迫他立即说出心事，而是给予他足够的空间和时间去处理自己的事情。

　　尊重孩子的沉默，意味着家长认可孩子有权选择何时、如何表达自己的感受。这种尊重不仅有助于建立信任和理解的亲子关系，还能帮助孩子在自我反思和情感处理中获得成长。

卡卡从小学起，学习成绩一直很优秀。在初三的一次月考后，他变得沉默寡言。父母感到不解和焦虑，担心他在学校遇到了什么问题。经过侧面了解，父母才得知卡卡月考的成绩不理想。

父母经过深思熟虑，决定采取一种更为内敛的支持方式，选择不直接介入并揭示事情的原委，而是给予卡卡充分的空间与时间去自我疗愈，自行消化这次遭遇的挫折。于是，他们不再追问卡卡到底发生了什么事。

一周后，卡卡主动与父母谈起了月考失利，说自己其实很努力了但却没有达到班级前三名。父母耐心倾听后，告诉他只要努力了就好，偶尔没考好是很正常的。卡卡本来已经将负面情绪消化得差不多了，听父母这一说，更加打开了心结。

一般来说，当孩子步入十一二岁的青春期时，他们开始拥有更多的内心世界与不愿轻易吐露的心事。这时家长若是强迫孩子说出来，反而会引起孩子的反感与逆反。尊重孩子的沉默，是家长的最佳选择。此时，家长只需要做好以下几点就够了。

1. 给予空间和时间
当孩子选择沉默时，家长应给予他们足够的空间和时间去处理内心的情感和问题。不要急于逼问或打扰，让孩子在自己的节奏中找到表达的方式。

2. 表达关心但不施压

家长可以通过行动和简短的关心话语，让孩子知道自己随时可以得到支持。例如，"如果你想聊聊，我一直在这里"这样的话语，既表达了关心，又不施加压力。

3. 保持日常互动

即使孩子沉默，家长也应保持日常的互动，如一起吃饭、散步等，让孩子感受到家庭的温暖和支持。

4. 理解沉默背后的情感

孩子的沉默往往隐藏着复杂的情感和心理活动。家长在尊重孩子沉默的同时，也需要通过细心观察和理解，来解读孩子内心的情感和需求。

5. 通过非语言沟通了解孩子

非语言沟通在理解孩子沉默时非常重要。孩子的表情、眼神、肢体语言，都可以传递出他们的内心感受。家长应敏锐地捕捉这些非语言信号，以便更好地理解和回应孩子的需求。

5

孩子内向，
也有沟通的办法

　　性格内向的孩子往往表现为自我封闭，他们很少与人接触、交流。家有性格内向的孩子，家长在沟通上更要多费心思。家长需要注意的是：性格没有好坏之分，无论是外向的性格还是内向的性格，都各有其优点与缺点。

给予足够的时间和耐心

家长在跟性格内向的孩子沟通时，要给予足够的时间和耐心，帮助内向的孩子逐渐变得更愿意和家长沟通，并且更自信地表达自己的想法。这不仅有助于亲子关系的和谐发展，也对孩子的心理健康和社交能力有积极的影响。

具体来说，家长可以从如下几点着手。

1. 接受孩子的节奏

内向的孩子通常需要更多的时间来整理和表达他们的想法，家长应理解并接受这一点。不要催促他们，而是耐心等待，给予他们充分的时间来说出他们想说的话。如果家长不断催促，孩子可能会感到压力，反而更难以表达自己的想法。因此，家长应耐心等待，给予孩子充分的时间来说出他们想说的话。

2. 创造安静的交流环境

在一个安静、无干扰的环境中，孩子更容易集中精力表达自己。家长可以选择在孩子感到放松的时间和地点与他们交流，比如在睡前的床边或是一个安静的公园里。

3. 给予非语言的鼓励

在等待孩子说话时，家长可以通过微笑、点头等非语言的方式给予鼓励。这些动作可以传达出家长的耐心和关心，让孩子感到被理解和支持，能够有效减轻孩子的紧张情绪。

4. 给予足够的思考时间

当孩子在回答一个问题时需要时间思考，家长可以安静地等待，而不是急于提供答案或意见。这样可以帮助孩子发展独立思考的能力，并增强他们的自信心。

5. 切忌打断他的话

即使孩子说话的速度较慢，家长也应耐心倾听，给予他们充分的表达机会，避免打断孩子的表达。这种尊重和耐心能帮助孩子更加自信地表达自己。

6. 建立例行的交流时间

设定每天或每周固定的交流时间，让孩子知道他们有一个安全的时间和空间来表达自己的想法。这个例行时间可以是每天的晚餐后或是周末的家庭活动时间。

7. 表现出真实的兴趣

家长在孩子说话时应表现出真实的兴趣，关注他们的每一个细节。通过提问和跟进孩子的话题，家长可以帮助孩子更深入地表达自己。

8. 给予积极的反馈

当孩子完成他们的表达后，家长应给予积极的反馈，如"你说得很好，我很喜欢听你说这些"。这样的反馈可以增强孩子的信心和表达欲望。

9. 容忍沉默

在沟通中，沉默是正常的一部分。家长应容忍这些沉默，给孩子空间去思考和组织语言。沉默并不意味着交流的失败，而是内向孩子整理思绪的一部分。

通过写信与孩子沟通

在和内向型孩子沟通时，书信交流也是一个不错的渠道。家长在写信的时候大多平心静气、思路清晰、条理完整。孩子也可以在没有父母威严与社交压力之下，安静地读懂父母的意思，并组织自己的语言予以回馈。当然，这里的"书信"是广义上，也可以指纸条。

北京师范大学教育系教授、教育学博士肖川认为，与其他传统的教育方式相比，书信教育方式具有其不可替代的教育作用。比如：它比口头教育更理性，表达更准确，能够自然地过滤掉口头语言中的一些消极的词语；它的文字具有的凝固性，能够给写作者和阅读者更多的思考和回味的空间，历久弥新。

我国自古就有用家书的方式对子女进行教育的传统，也有一些优秀的家书流传于世，成为经典，比如《颜氏家训》《朱子家训》《曾国藩家书》《傅雷家书》等。以写信的方式跟内向的孩子沟通，可以说就是对这种优秀传统的传承和发扬，如果家长能够用心去写，肯定能对孩子起到不错的教育效果。

潘小佳的妈妈原来总说和孩子沟通不容易，因为问孩子三句也回不了一句。虽然能从老师那里掌握孩子的学习动态，但无法了解孩子的心理和思想变化。但是最近，她找到了一个好方法。原来，潘小佳的妈妈是公司的领导，经常因为公事出差，在远离孩子的时候，她就用写信或发电子邮件的方式与孩子沟通。结果，母女之间的沟通一下子就通畅多了。

她认为，写信比打电话更能增进与孩子的感情。潘小佳的妈妈说："电话虽然方便，但是对于孩子来说，电话里说的事情容易忘记。因此，对于情感沟通及需要心理疏导的问题，我都会通过写信或发邮件的方式与孩子进行沟通。而且孩子对这种方式也比较感兴趣。我给孩子买了一些漂亮的信纸，也给自己买了一些，我们就用这些信纸传递信息，感觉很贴心。"

潘小佳的妈妈不愧是个聪明的妈妈。给孩子写信，通过文字来表达自己的心情，不失为一种与孩子沟通交流的好方法。美国教育家卡尔·威特也说过："有时候，对于某些我觉得不便用口头表露的情感，我会把要表达的意思以书面的形式，写在纸条上，这让它们加重了自身的分量，并显得更加真实可信。"

家长在运用书信与孩子进行沟通的过程中，还应注意一些事项。

1. 信要写得有真情

写信给孩子之所以是一种良好的交流方式，在于这种方式很感人，多是写信人真情的流露。如果家长不能用真情与孩子交流，写信也只能流于形式。把心里话写下来，放在孩子的床头，但是别急着问他看了没有或者看了之后怎么想的。因为孩子肯定会看的，但是他看了之后可能什么也不说。家长又有心里话了，可以接着写第二封、第三封信。

2. 写信可以是多种形式

比如，有的家庭用家庭日记的方式，还有的家庭经常使用留言条。不管怎样，只要家长采用文字的形式与孩子进行真情交流，就有可能达到事半功倍的效果。

3. 要掌握好时机

当有些事情家长无法说出口的时候，或者与孩子冲突升级的时候，家长与孩子写信交流，可能比当面开口效果更好。因为家长写信时心情会平静下来，说出的话会更中肯、温和，而孩子看到家长的信，自然会若有所思，会更容易理解家长。

运用非语言沟通

　　跟内向的孩子沟通时，使用非语言的交流方式尤其重要。非语言沟通包括眼神交流、肢体语言、面部表情和触摸等，它们能够传达出家长的关爱和理解，有助于建立更深层次的亲子关系。

　　非语言沟通可以传达出许多言语无法表达的情感和信息。它们能够让孩子感受到家长的关注和爱护，增进亲子之间的信任和亲密感。特别是对于内向或羞怯的孩子，非语言沟通可以帮助他们在无须言语的情况下，感受到家长的支持和理解。

　　琳达是一个性格内向的女孩，她的父母逐渐发现她在学校和家庭聚会上很少主动与人交流。他们决定采取一些方法帮助她更好地表达自己。在与琳达的沟通过程中，父母特别注重非语言沟通的运用。

　　有一次，琳达在学校因为一件小事和同学发生了误会，回到家情绪低落。父母看出了她的情绪变化，晚饭后，他们轻声问她是否愿意分享今天的事情。琳达开始有些犹豫，但在父母耐心的等待和鼓励下，她慢慢地讲述了事情的经过。

她的妈妈用温柔的眼神注视着琳达，并不时点头示意，表示她在认真倾听。父亲则轻轻地握着琳达的手，用温暖的触摸给予她安慰。当琳达讲到感到难过的地方时，母亲轻轻地抚摸她的头发，脸上带着理解的微笑。

"我知道你今天一定很难过，"妈妈柔声说，"在学校遇到这样的事情确实让人不开心。要不要我们一起想想办法，下次遇到类似情况该怎么处理？"

琳达点了点头，开始和父母讨论可能的解决方法。通过这次交流，琳达不仅释放了内心的压力，还学到了应对人际困境的方法。

父母通过非语言的沟通方式，让琳达感受到了他们的关爱和支持。这种温柔的眼神交流、理解的微笑和温暖的触摸，不仅缓解了琳达的紧张情绪，还增强了她的自信心。通过这次经历，琳达变得更愿意与父母分享她的感受，也更加信任他们。

家长可以经常运用的非语言沟通主要有如下四种。

1. 眼神交流

在与孩子交谈时，保持适度的眼神交流，可以让孩子感到自己被重视和关注。

2. 肢体语言

适当的身体姿势，如蹲下来与孩子平视，能够减少孩子的压力，拉近彼此的距离。

3. 面部表情

通过微笑、点头等积极的面部表情，可以传达出家长的认可和鼓励。

4. 触摸

轻轻地拥抱、抚摸头发或拍肩膀等触摸动作，能给予孩子安全感和温暖。

鼓励孩子大胆与人交往

随着现代居住环境不断变化，人们居住的场所逐渐具有高层、封闭的特点。邻里之间咫尺天涯，互不往来，阻碍着人与人之间的沟通。凡此种种，使得孩子缺少与人交往的机会，客观上造成孩子偏于内向。对于那些本来性格就偏内向的孩子来说，这更加缩小了他们交往的范围，导致他们的沟通欲望越来越小，沟通能力越来越差。

在美国的乡村里有一个小女孩，她有百灵鸟般动听的歌喉，非常想成为一个歌唱家，可惜的是，她的性格太过羞怯，每当一个人唱歌的时候，她能够唱出自己最高的水平，但每当在别人面前表演的时候，她就会紧张得不得了，不是跑调，就是忘词。这让她感到非常苦恼，甚至打算放弃当歌唱家的梦想。

父亲知道以后，鼓励她："只要你用心唱出自己的歌声，人们会被你的歌声打动的。你应该克服自己的羞怯，把自己最高的水平向别人展示出来。"

听了父亲的劝告，她坚守住这份梦想。从此她有意识地去改

变自己的性格。她开始主动与别人交往，在人多的场合，她不再像以前一样躲在角落里，生怕别人看到，而是站到人群之中，与大家一起说笑，大家都很惊讶这个小女孩的转变，但随后，他们都给予她足够的赞扬，因为他们都知道她有一副好嗓子，都希望她能够成功。

就这样，在大家的鼓励和帮助下，小女孩逐渐变得勇敢和外向，在大家面前表演的时候，她的脑子里想的不再是："唱跑调了怎么办？忘了歌词怎么办？"而是把全部的精力都投入到为她的观众歌唱中去。渐渐地，人们被她的歌声所感动，开始喜欢她、热爱她。这个女孩长大以后，成了著名的歌唱家。

如果你的孩子同样内向，总是一个人躲在角落里不敢表现、不敢与人交流，那么，你就应学习上述案例里的父亲，鼓励他大胆地站到人群中去。

家长培养内向孩子的沟通能力，可以从以下几方面做起：

1. 培养孩子的语言能力

提高孩子运用语言的能力，帮助他们架起通向他人的桥梁。家长要从小培养孩子会说爱说的习惯，为他们进行日后的交往活动打下必要的基础。

2. 利用各种机会指导孩子与人交往

比如，去别人家做客，要教育孩子有礼貌；家里来了客人，要让孩子主动打招呼，帮助做些接待事宜；成人间谈话，如果没必要让孩子回避，可以让他们参与，并允许他们发表自己的意见，这是他们学习人际交往的极好机会。若孩子敢于在别人面前说出自己的看法，家长对此应给予鼓励，对他们正确的见解及时进行肯定。对孩子的一些不妥做法，如只顾自己说话，随便打断别人谈话等，要

及时提醒，并在事后进行必要的教育和指导。

3. 鼓励孩子多参加集体活动

参加集体活动是提高交往能力的重要途径。孩子在集体活动中，不仅可以结识许多的小伙伴，还可以在了解他人的基础上了解自己，学会用集体交往的规则调节自己的言行，学会尊重他人、谅解他人、乐于助人，学会调节集体和个人的关系。

4. 正确对待孩子交往中出现的冲突

孩子在交往的过程中出现一些冲突和争执是很自然的，家长不应过多干预，要尽量让孩子自己来解决问题，通过独立解决冲突和争执，帮助他们学会协调、同情、忍让等处世技巧，这往往是在与成人的交往中学不到的。同时，家长要注意培养孩子化解矛盾的责任心和能力，让孩子在调解冲突的过程中学会怎样倾听对方的陈述和观点，从而掌握解决问题和化解矛盾的能力，并学会判断，能够创造性地解决争端，而不是采取被动或侵犯的方式，懂得必须照顾每一方、每个人的需要，让各方都在最小矛盾的情况下和平相处。

6

赏识你的孩子，
他才会乐意跟你沟通

　　所谓赏识，就是家长尽可能地给孩子多一些的肯定和欣赏，让他更多地体会到成功的喜悦和得到更多的赞赏、表扬，而不是一味地指责孩子的不足和缺点。赏识重在善于发现孩子的优点，对孩子多加鼓励，使他在情绪上得到满足并保持愉悦的心境。

孩子的成功一定要夸奖

在孩子的一生中最能帮孩子树立信心、起到最好激励效果的，就是他的第一次成功。哪怕是再小的成功，也能增强自信。当孩子学会一个字、得到一张奖状、做对一道题、缝好一枚纽扣、擦净一次地板、洗净一双袜子时，他都有成功的喜悦，会期望自己下一次做得更好。在那种时候得到肯定与鼓励，将使他对前景充满信心，从而获得自信。

此时，家长不要吝惜自己的赞扬，要及时做出反应，立即给予孩子积极的评价。要知道，夸奖是有时效性的，如果错过了夸奖的最佳时机，夸奖的效果就会大打折扣，孩子的表现就不会达到父母所期待的目标。

某校曾经做过这样一个实验：期末考试之后，校长分别在不同时间内对两个班级考试成绩差不多的两组孩子做出评价。

对第一组孩子，校长在考试成绩出来的当天就表扬了他们："成绩真不错，你们都是聪明的孩子，继续努力吧。"

对第二组孩子，校长一直等到下一个学期开始之后，才对他们说：“你们上学期考试成绩不错！”

一个学期以后，第一组孩子因为受到了校长及时的赞扬和鼓励，学习成绩有了明显的提高。他们一致认为是校长的赞扬让自己对学习充满了信心，学习劲头也更足了；而第二组孩子的学习成绩却没有明显进步。虽然校长赞扬了他们，但时间已经相隔太久，所以他们根本没有察觉到这种表扬，因此学习积极性也没有太大的变化。

这个实验证明，孩子是需要父母正确把握赞扬的时机并及时夸奖的。因此，当孩子达到了某个既定目标时，父母一定要把握机会，及时由衷地赞扬孩子；同时表现出你的喜悦心情，让孩子感受到，是他的良好行为表现使父母感到高兴。这是简单而又能产生显著效果的一个方法，只要坚持去做，必有喜人的收获。

孩子做了好事或有了进步，最好当时就给予夸奖和鼓励，这样孩子的荣誉感和成就感就会及时得到最大的满足，从而把后续的事情做得更好。如果孩子取得了成就，父母无动于衷或反应迟缓，必然会给孩子的内心造成不良的影响。

事例一：

“妈妈，我跳高得了第一名。”文发一进门就兴高采烈地对妈妈说。

"你身体又不是特别好，运动起来那么上劲干吗？"正在厨房里忙碌的妈妈顺口回道。

听到妈妈这么说，文发刚进门的高兴劲一下子就没了，闷闷不乐地躲进了自己的房间。

过了一会儿，妈妈做好了饭，她来到文发的房间。

"你是说你跳高得了第一名？"妈妈问。

"呵，那没什么，不值一提。"文发垂头丧气地说，"妈，你先出去吧，我还有很多作业没有完成呢。"

事例二：

"爸爸，我今天抛铅球得了第一名。"达源进门就兴高采烈地对爸爸说。

"呵，真了不起，真没想到你这么棒。"爸爸放下手中的活，表现出一副很惊喜的样子。

这时，达源更开心了，他甚至高兴得手舞足蹈起来。

爸爸接着鼓励道："你在学习上也要努力，如果也能得第一，那就更厉害了！"

达源热情高涨地保证："爸爸，我听你的，我一定会努力的，我要让你知道，我会做得更棒的。"

瞧，这是两个截然不同的家长，文发的妈妈面对孩子的成绩时，没有及时表现出自己的关注和赞扬，打击了文发的进取心。而达源的爸爸尽管也很忙，却仍然及时地给予了孩子必要的夸奖，使他的进取心一下子高涨了起来。事实证明，只有及时赏识和赞扬孩子，才能充分调动孩子的积极性，让他们往更高的目标冲刺。

　　每个孩子都希望获得父母的认同。他们通过自己的努力，在学习或者比赛中取得好成绩，这是多么值得父母赏识的事情。这时

候，父母应该为孩子感到高兴，及时给予热情的赏识和赞扬。让他们感觉到父母正在为自己的出色表现而感到骄傲。

有时候，孩子需要的不仅仅是父母一句赞扬的话，他们需要得到父母的重视和关心。如果父母没有对孩子的成绩表示出及时的关注，会让孩子感到失望，而这种失望很可能会使他们失去继续努力的动力。

总之，及时赞赏孩子的成功，表现出对孩子真心的赏识和热切的期望，能让孩子感受到一种强大的精神力量，能让孩子更加努力和自信，从而促进其智能发展和身心健康，大大增强孩子对学习和生活的信心和勇气。

放大孩子身上的"闪光点"

　　任何一个人，渴望被别人肯定的心理需要大大超过被别人否定的心理需要。这个规律大多数父母都懂，也想多表扬孩子，但往往觉得找不到值得表扬的优点，这该怎么办呢？其实，方法很简单，只要父母在日常生活中多留心，就总能发现孩子有进步的地方。

　　著名教育专家孙云晓教授在浙江举行的"'忠告天下父母'报告会"上为现场的父母布置了这样一个"家庭作业"——"今天回家去发现孩子的一个优点，能够发现十个的，是优秀的父母，能够发现五个的，是合格的父母，没有发现的，是不合格的父母。"孙云晓同时还指出："成功父母与失败父母的区别是，前者将孩子对的东西挑出来，把他的优点挑出来，而不明智的父母，一眼就看到孩子的缺点……人有八种智能，而学习好的人，只是语言智能和数学智能较好，而不同人的优势是不一样的。只要父母用心观察，就一定能够发现孩子的优点。"

　　是的，只要父母用心观察，就一定能够发现孩子的优点。

　　从前，有个老员外，他的三个儿子都很笨，老员外很发愁，担心家产会败在他们手里。于是，他决定请当地很有名的老秀才来教他的三个儿子。

老秀才说："我得考考你的三个儿子，通过考试我才能收下他们。"老员外心里暗暗叫苦。

第一个上场的是大儿子。考试的内容是对对联，老秀才出的上联是：东边一棵树。大儿子急得头上冒出了汗，也想不出该对个什么下联，嘴里一个劲念叨："东边一棵树，东边一棵树……"老员外在一旁直想发火。一会儿，老秀才说话了："此孩子记性不错，我只说了一句，他就记住了，可教也，我收下。"

第二个出场的是二儿子。老秀才出的还是那道题：东边一棵树。二儿子进考场之前已听哥哥说过题目，张口就对："西边一棵树。"气得老员外目瞪口呆。老秀才说："此子改了方向，以西对东，对得贴切，可教也，收了。"

最后是三儿子。老秀才仍然是那道题：东边一棵树。三儿子想了半天，也没有想出好的下联来，不由得大哭起来。老员外觉得他太丢人了。谁知道，老秀才说道："此子有羞耻心，可教也，收了。"老秀才收下老员外的三个儿子，并最终把他们教育成了有用之人。

这个故事告诉我们：任何一个孩子，不管他的天资再差，缺点再多，只要他有一个闪光点，就是可教之才。作为父母，要善于发现孩子的优点，让孩子在自信中成长。有时，即便孩子犯了错误，父母难免会教育孩子，但是教育的方法有很多种，如果方法不当，可能会影响孩子的一生。而如果父母善于找到孩子错误中隐藏的优点，对此加以赏识，不仅可以帮助孩子充分认识错误，而且还会继续保持这个优点，逐渐培养起积极面对错误并善于从中学习的良好习惯。所以，面对"坏"孩子，父母更需要竭力去找他们的闪

光点，哪怕是沙里淘金，哪怕是微不足道，都需要出自真心地去赞扬、鼓励和引导。

冰玲八岁的时候，有一次，她一个人在家把屋子收拾得干干净净。妈妈回来后，禁不住赞叹："哇，是谁这么勤劳，把屋子收拾得这么干净!"冰玲从房间跑出来。妈妈说："原来是我的宝贝女儿啊，你真是太了不起了!"妈妈发自内心的夸奖，从此让冰玲爱上了家务劳动。

这个故事说明：父母应该努力发现并且放大孩子身上的优点。这是一种创新的家教方法，也是当代父母最能有效地激励孩子成长进步的方式。

那么，父母应怎样发现并放大孩子的优点呢?

第一，不要老盯着孩子的缺点。对于孩子来说，父母的话具有很大的权威性。父母不仅不要整天把孩子的毛病、缺点挂在嘴上，不停地数落，更不能对孩子说结论性的话，比如说"笨蛋""你真没法教了"等话。一直以来，我们的教育观念就是先找孩子的缺点，然后不断地提醒、警告来促使他改掉缺点。总认为改正了缺点，孩子就进步了，就提高了，没缺点了就完美了，就杰出了。这个理论是不对的、不可取的。

第二，用发展的眼光看待孩子。不要把孩子看"死"了。只要

细心观察孩子，就会发现孩子有进步的地方。可能是对问题的认识有提高，分析问题能力增强，可能某方面科学文化知识增加，可能一次作业进步或者一次考试进步，可能在劳动或公益活动方面表现较好，可能文艺、体育取得好成绩，可能有什么小发明、小制作，等等。关键的是要拿孩子的今天比昨天、比前天，而不是跟别的孩子比，哪怕发现一点微小的进步，也应及时肯定。不应该由于横着比或高标准要求而看着不起眼儿，认为不值一提就把点滴进步漠视、忽略过去。应该想到"星星之火，可以燎原"，优点是一步步发展的。

第三，适当夸大孩子的进步。孩子即使没有进步，父母也应该寻找机会进行鼓励。如果孩子确实有了进步，父母就应该及时夸奖他们"进步挺大"。这样一般都可以调动孩子心中的积极因素，促使孩子期望自己取得更大的进步，孩子就有可能取得"事半功倍"的奇效。

做擅长表扬孩子的家长

　　家长发自内心的表扬，可以拉近孩子与父母心灵的距离，让彼此成为亲密无间的朋友。这不仅吸引着孩子向父母真心靠拢，欣然接受并聆听父母的教诲与人生智慧，同时也让父母在日常生活中无时无刻不在以积极乐观的态度潜移默化地影响着孩子的成长轨迹，为其生活注入源源不断的正能量。

　　表扬是一门艺术，是要讲究技巧的。教育专家认为，家长在夸奖或者表扬自己孩子的时候一定要注意以下几点。

1. 趁热打铁，表扬孩子要及时

　　每个人都希望获得别人的认同，孩子更是如此，尤其是来自父母的肯定。例如孩子通过自己的努力，在学习或者比赛中取得了好成绩，这是多么值得家长表扬的事情！

　　这时候，父母应该为孩子感到高兴，及时给予热情的认可和赞扬。趁孩子情绪高涨时及时认可和赞扬孩子，比事后再给予赞扬所起到的作用要显著得多。因此，当孩子达到了某个既定目标时，父母一定要把握机会，及时由衷地赞扬孩子；同时表现出你的喜悦心情，让孩子感受到是他的良好行为表现使父母感到高兴。这是简单而又能产生显著效果的一个方法，只要坚持去做，必有喜人的收获。

2. 夸孩子"努力"而不是聪明

孩子的自信心是由于克服了一些困难而产生的，并不是被夸聪明而支撑起来的。一味强调孩子聪明虽能暂时提升其自信，但是随着时间的推移，却易使孩子将成功归因于天赋而非努力，一旦遭遇失败便可能质疑自身能力，甚至丧失学习兴趣。如果他把一件事情完成得很好，会认为这仅仅是因为自己的聪明罢了。一旦他遇到了挫折，也很可能就此断定"我并不聪明"，随后逐渐失去学习的兴趣。

相反，若家长着重表扬孩子的努力与坚持，意味着你在鼓励他继续努力学习，遇到挑战和挫折的时候要迎难而上，即使结果并不是所期望的，孩子也会明白，这是因为自己不够努力。因此，父母应该积极引导孩子关注完成任务的过程，赞赏他为取得成功而付出的努力，称赞他所使用的方法和策略，将赞美的重点放在"努力"而不是"聪明"上。

3. 夸孩子要夸具体

夸奖孩子时，尽量不要笼统。表扬的目的是让孩子明白哪些行为是好的，以增强孩子的好行为，所以表扬最重要的原则就是：要针对孩子对某一件事付出的努力，取得的效果，而不要针对孩子的性格和本人。这样，孩子就会明白这种行为是好的，并且坚持良好

的行为，从而逐渐形成良好的生活习惯。但如果只是泛泛地表扬，如"你真聪明""你真棒"，虽然暂时能提高孩子的自信心，但孩子不明白自己具体好在哪里，为什么受表扬，且容易养成骄傲、听不得半点批评的坏习惯。也就是说，家长在表扬孩子的时候要有针对性。为达到激励孩子的目的，真正做到"夸具体"。有针对性的具体表扬会让孩子更容易理解，并且知道今后应该怎么做，如何努力。

奖励孩子需讲方式与技巧

在教育孩子的过程中，许多父母都在实行奖励制度，有的取得了一定的效果，但相当一部分父母不管奖励多少，孩子仍然老样子，效果不理想，有的甚至越奖励越差，起了反作用。原因何在？就在于奖励不得法。

心理学家德西做过一个实验：他让一些孩子解答一些妙趣横生的智力难题。他把孩子分成两组，一组是每解答一道难题就奖励一美元，另一组则没有任何奖励。在安排孩子休息和自由活动的时间里，他发现，尽管有奖励那一组的孩子在解答的时候解题十分努力，但在自由活动的时间里，却很少有人在自学解题；而没有奖励的那一组却有很多孩子在继续认真地解答难题。从总体上说，有奖励组的孩子对解答难题的兴趣减少了，而无奖励组的孩子反而兴趣更浓厚。

这个实验说明了什么呢？说明用金钱奖励在短时间内可能有一定的激励作用，但不一定能起到长久的积极作用，还说明了奖励也并不是一件简单的事，要讲究方式和技巧。那么，父母该采取什么样的方式奖励孩子呢？在奖励中又应注意哪些细节呢？

根据不同孩子的特点，父母可以采取以下不同的方式给予奖励：

1. 赠送礼物

采用特定奖励作为教育方式应仅限于特殊场合，以免孩子形成只为私利而服从的不良动机，从而导致教育引导偏离正轨。通常情况下，给予孩子的礼物应倾向于寓教于乐，如玩具、书籍或富有教育意义的艺术品等，以促进其全面发展与健康成长。

2. 奖在不经意处

不经意处，就是自己也没注意或没想到的地方。有时，可以对孩子渐渐形成的、自己也没有注意到的优点或偶尔的一次良好表现给予特别的奖励，以进一步强化孩子的优点和表现。比如孩子平时骑车从来不擦车，这次不知道什么原因，自己很自觉地在擦，而且还擦得很干净，那么，不妨给予一定的奖励，给他一个惊喜。又比如，孩子班里的一个同学出车祸住院了，孩子用自己的零用钱买了礼品去看望同学。父母得知后，也不妨给予奖励，对他的这种行为进行充分的肯定。

3. 预先进行奖励

有时，孩子在开始行动之前父母就给予奖励，也能产生良好的效果。因为这样会使孩子感到被信赖而充满信心去行动。"不应该让大人提醒才去好好地做，要知道你已经是个懂事的大孩子了！""你是个认真、用心的孩子，做这件事一定会使我们感到满意。"这种奖励方式要建立在暗示、激发自强自爱的基础上。

4. 避免奖励过于频繁

奖励应该是点缀式的，偶尔来一次，不能什么都实行奖励制度。比如，今天作业做得认真，奖；明天考试考得好，奖；星期

天做了一些家务，奖；等等。奖励过多或过于频繁，很容易产生负面效应，容易使孩子产生这样一种心理：你不奖励我就不做，我做了，你就应该奖励，把获取奖励当作自己的目标。凡是孩子应该做到的，比如作业写得认真、做简单的家务等都不适用于奖励的范围，真正需要奖励的应该是那些一般难以做到、表现突出、进步明显的行为。

5. 奖励不能打折

既然承诺了奖励，就必须坚决兑现，无论是奖励的内容还是数量，都不应视为儿戏或轻易打折。有些父母，开始时信誓旦旦，你做到怎么样，我一定怎么样，可待孩子真的做到了，又反悔了。这种行为极为不妥，不仅严重伤害了孩子的信任与情感，也极大地削弱了家长自身的威信与形象。

6. 有奖有罚

对孩子不能只奖不罚，也不能只罚不奖。要奖罚分明，不能因为奖，而看不到孩子的缺点，也不能因为罚，而看不到优点。

7

孩子犯错时，
沟通要对事不对人

孩子在做错事被批评的过程中，能够学会辨别是非，学会区分哪些事情是好的、哪些事情是坏的。如果对孩子做错了事情不闻不问，那父母就有问题了，是不称职的父母。只有对于孩子的所作所为敢于直言、"对就是对、错就是错"的父母才会受到人们的尊敬。

批评很有必要，但要科学批评

表扬孩子只是沟通的一面，另一面则是批评孩子。仅仅靠表扬是远远不够的。孩子犯错时，有必要进行批评。批评并不是单纯的否定，而是一种帮助孩子认识错误、改正行为的方式。

孩子在成长过程中，难免会出现各种各样的错误行为。家长及时的批评可以纠正这些行为，帮助孩子树立正确的价值观和行为规范。例如，孩子在公共场合大声喧哗，家长及时批评可以让孩子意识到这种行为不妥，从而改正。

通过批评，家长可以让孩子认识到自己的行为会带来怎样的后果，培养他们的责任感。当孩子意识到自己的行为对他人或环境造成了影响后，他们会更加谨慎和负责任地对待自己的行为。

此外，适当的批评可以帮助孩子增强自律能力。在家长的批评和引导下，孩子可以学会控制自己的情绪和行为，养成良好的习惯。例如，批评孩子拖延作业，可以帮助他们养成按时完成任务的习惯。

教育需要批评孩子，但更重要的是进行科学的批评。通过明确批评的目的、选择适当的时机和场合、针对行为而非人格、提供具体的改进建议、表达理解和支持、避免长期积累的问题爆发、注意语气和态度、强调改正错误的积极意义、设定合理的期望和目标以及确保批评后的沟通和关爱，家长可以有效地帮助孩子认识和改正错误，促进他们的成长和进步。

1. 明确批评的目的

批评的目的是帮助孩子认识错误、改正行为，而不是发泄情

绪或否定孩子。明确这一点，可以帮助家长在批评时保持理智和冷静。

2. 选择适当的时机和场合

批评孩子的时机和场合非常重要。家长应选择一个相对私密和安静的环境，避免让孩子在公众场合下感到尴尬和羞愧。此外，批评的时机也应尽量选择在孩子情绪平稳、能够冷静思考的时候。

3. 针对行为而非人格

批评应该尽量针对具体的行为，而不是对孩子的人格进行全盘否定。这样可以让孩子清楚地知道哪些行为需要改正，而不会因此产生自卑和抵触心理。

4. 提供具体的改进建议

批评应具有建设性，家长在指出问题的同时，应提供具体的改进建议，帮助孩子找到解决问题的方法。这不仅能让批评更具实效性，也能增强孩子的自信心和改正错误的动力。

5. 表达理解和支持

家长应表达对孩子的理解和支持，让孩子感受到父母的关爱和帮助，而不是单纯的责备。通过共情和支持，孩子会更容易接受批评，并且积极改正错误。

6. 避免长期积累的问题爆发

应尽量避免将长期积累的问题一次性爆发出来，而应及时处理孩子的每一个问题。这样可以防止孩子感到压力过大而无所适从。

7. 注意语气和态度

应注意语气和态度，尽量保持冷静和温和。过于严厉和激烈的语气，容易引起孩子的逆反心理，反而不利于问题的解决。

8. 强调改正错误的积极意义

应强调改正错误的积极意义，而不仅仅是指出错误本身。这样可以帮助孩子树立正确的价值观，理解改正错误的重要性。

9. 设定合理的期望和目标

在批评孩子时，家长应设定合理的期望和目标，避免让孩子感到过度的压力和挫败。通过设定可行的目标，孩子会更有动力去改正错误和进步。

10. 确保批评后的沟通和关爱

在批评孩子之后，家长应确保继续给予孩子足够的沟通和关爱，让孩子感受到家庭的温暖和支持。这样可以避免孩子因为批评而产生负面情绪和自卑感。

餐桌旁，不是教育孩子的好地方

不少家长喜欢一边吃饭一边"教育"孩子，认为这个方法简直是一举多得：饭也吃了，亲子沟通也做了，还不浪费任何人的时间。

于是，一上饭桌，父母就开始问孩子的功课，查孩子的成绩，讲孩子的过错，接着就开始教训孩子，常常弄得孩子愁眉苦脸、哭哭啼啼，导致吃饭笼罩在一种不愉快和紧张的气氛之中。殊不知，这种"餐桌教育"害处实在不少：既影响孩子食欲，又会使孩子情绪低落，更严重的还有可能会使孩子产生心理问题。

小学生蓓蓓的家就在学校附近。以前，每到中午，她总准时回家吃饭、休息，下午上课前再到校。近来，班主任发现蓓蓓总是在中午时分趴在课桌上睡觉。经询问，班主任才知道了真相。蓓蓓的妈妈近来改上晚班，中午在家吃饭。一家人在一起吃饭，这本该是件好事。可蓓蓓不这么想。"吃午饭时，妈妈会仔细打听我的学习、考试情况，有一点不如意，妈妈就会'老账新账一起算'，把我教训一顿。"蓓蓓觉得回家吃午饭成了比考试还可怕的一件事。"我跟妈妈撒谎说，最近中午要补习，所以中午就在学校吃饭。我说不要她送饭，她就每天给我午饭钱。"蓓蓓说，每天中午放学后，她都会背着书包到校外晃一圈，有想吃的零食就买一些，不想吃就干脆饿着。

瞧，孩子为了不在餐桌上挨训，宁愿饿肚子，这实在是父母的失职。父母在餐桌上跟孩子进行交流、说些有趣的事本是件好事，但如果把餐桌变成声讨孩子的"审问台"，食物再美味，孩子也是食不甘味。

父母在与孩子就餐时要谨防三个"不要"。一不要恐吓。比如孩子不愿吃饭，有些父母心情急躁，大声呵斥，这会让孩子感到十分紧张，更会抑制食欲，即使孩子勉强吃完，也因心情不好而影响消化。孩子不愿吃饭原因有多种，或是吃零食多了，或是玩得过于兴奋了，如果只是偶尔发生，父母最好予以宽容，同时耐心地向孩子指出不当之处，帮助其认识到问题所在。如果经常发生，则需从根本上调整孩子的生活规律，不能简单斥责了事。二不要忆苦。有些父母喜欢在餐桌上"忆苦"——不停地陈述自己当年生活时代的环境是多么艰苦，以此教育孩子要珍惜当下的美好生活。如此"忆苦"的教育方式，尤以一些年迈长辈所常用，但是少年不知愁滋味，父母重复多了，孩子会不以为然，反会增强内心的叛逆和抵触。三不要揭短。餐桌上，有的父母视之为教育孩子的好时机，常指责孩子这不对那不对，或翻旧账狠训一顿，高谈阔论，大讲道理。

每天吃饭的时候，一家人应该在轻松自然的气氛中，谈谈各自的趣事。父母是孩子最好的老师，餐桌可以当课堂，但讲述的内容要尽量多一些亲情的教育与交流，父母宜讲点有益的文化知识和鼓励孩子向上的好人好事等。孩子在没有压力的情况下，往往会把学校里的事情、自己的学习情况讲给父母听。父母可以根据孩子所讲的内容，好的加以表扬，不足的加以引导。

英国家庭素有"把餐桌当成课堂"的

传统：从孩子上餐桌的第一天起，父母就开始对其进行有形或无形的"进餐教育"。这一点很重要，旨在培养孩子形成优秀的用餐礼仪及习惯，进而塑造出诸多令人称道的品质与性格。同样，父母也可以从以下几方面对孩子进行"进餐教育"：

1. 介绍相关的饮食常识

餐桌上聊饮食，不仅增进食欲，还可扩大孩子的知识面，使孩子更容易接受相关知识的灌输。可谈的内容很广泛，如膳食要平衡，营养要全面，应保持合理的比例；不吃过热、过硬、难消化或刺激性强的食物；不反复食用单一食物；不吃腐坏变质的食物；等等。真正让孩子吃出健康，吃出学问，吃出乐趣。

2. 鼓励孩子全面摄取营养

从小鼓励孩子不要挑食、偏食，否则会影响他们对营养的全面摄入和吸收。一味地迁就孩子任性的饮食喜好，还会使他们养成自私、缺乏自控力等缺点。

3. 培养孩子得体的用餐礼仪

等大家都坐下了，才可以动筷子；好吃的东西要先考虑到别人，不能全都夹到自己的碗里；自己先吃完了，离桌前要招呼其他吃饭的客人慢慢吃。

孩子是纯洁的，餐桌是浓缩的，希望父母能正确利用餐桌这个方寸之地的小课堂，对孩子少一分指责，多一些鼓励。

嘲讽孩子，会让孩子关闭沟通渠道

"哎呀，竟然主动念起书来了，真是太阳打西边出来了。"

"你不是有三头六臂吗！那好呀，你自己处理吧。"

"你可真聪明的，十道算术题就有九道算错了。"

"……"

生活中，常听到一些家长这样"夸"孩子，本来只需说声"你能刻苦就太好了""自己的事情自己做""算错了没关系，重新来"就可以了，可是偏偏要语带讥讽，把话说得酸溜溜的。

用这样尖酸刻薄甚至冷酷无情的语言来伤害孩子，它不是一种"恶毒的武器"是什么？它传达出的信息是对孩子的不信任，对他取得的成绩的蔑视，对他人格的侮辱。它就像一把利剑深深扎进孩子幼小的心灵里。

诚然，有些父母对孩子抱有极大的期望，他们望子成龙、盼女成凤的心十分迫切，每当孩子达不到他们要求的时候，往往有恨铁不成钢的感觉，对孩子一味地进行指责、谩骂，甚至嘲讽。父母以为，这样可以激发孩子向上的信心。其实不然，嘲讽只会使孩子的上进心、自尊心受到伤害，对孩子的精神健康造成无法挽回的严重损失。并且，父母的嘲讽往往会使孩子变得感情冷漠，对家庭充满厌恶与反感，进而引发孩子的反抗和报复心理，造成孩子和父母之间的感情壁垒。

有一位女士去体检，查出心脏有些问题。她忧心忡忡地对丈夫说："才三十来岁就得了心脏病，将来老了可怎么办呢？"

这时，她五岁的小女儿飞跑过来，用两只小手环住妈妈的腰："妈妈别怕，等你老了，我就长大了，给你做最香的饭，买最漂亮的衣服，请世界上最高明的医生，把你的病治好！"

妈妈听后却讪笑道："去去去！这会儿说得好听，等到我真的又老又病了，你怕是躲还躲不及呢！"

女儿的脸霎时红了起来，低下头嘟起嘴唇。妈妈却依然只顾自己感慨："现在的孩子，升学难，找工作难，买房难。只要她将来能够养得了自己，不摊开两手向父母讨生活费，已是谢天谢地了，哪里还敢指望她，这些漂亮话，日后谁肯认账？"

尴尬的女儿转过身，睫毛簌簌地抖着，委屈的眼泪不由自主夺眶而出。

有时，父母并不是有意伤害自己的孩子，但是在盛怒之下，嘲讽的语言就会脱口而出，事后父母也会忘得一干二净，甚至不记得自己说了些什么，自然也不清楚这些嘲讽的话对孩子的伤害有多深。也许父母的无心之举是一种习惯。可是孩子不会忘记父母对自己的嘲讽，有的嘲讽还会给孩子造成刻骨铭心的伤害，多少年以后，孩子还仍然记得父母所说的话。

苏联教育家马卡连柯说过："嘲讽，如同挖苦一样，会使人失去自尊，没有自信。孩子正处于培养自尊和自信的关键时期，家长在任何时候，都切忌嘲讽自己的孩子。"嘲讽虽可能让大人感受到尊重的缺失，但成熟的心智赋予了他们调节自我情绪与思维的能力。即便面对嘲笑之声，只要坚信自己所行之事正当且有价值，他们便能够坚定不移地继续前行。而嘲讽对于孩子来说，带来的负面影响要严重得多。不管是何种类型的嘲讽，如果孩子意识到大人是在取笑自己，就会手足无措，失去继续坚持的勇气，甚至出现畏缩倒退的心理，以致影响一生的健康成长。

嘲讽就像一堵墙，会成为父母和孩子之间无形的障碍，造成父母和孩子的对抗。孩子可以接受父母的批评，但绝对接受不了父母的嘲讽，因为嘲讽对孩子心灵的伤害很深。所以，父母在教育孩子时，一定要深思熟虑，千万别把带着嘲讽的话语甩给孩子。

当众训斥，只会让孩子更叛逆

有些家长觉得当众教育孩子，会刺激他们的自尊心，从而变得更加"听话、懂事、乖巧"。其实未必，自尊与自卑是硬币的两面，孩子一旦自尊受损，会变得自卑，或者为了维护自尊而叛逆。

英国哲学家洛克曾说："父母不宣扬子女的过错，则子女对自己的名誉就愈看重。他们觉得自己是有名誉的人，因而更会小心地维护别人对自己的好评。若是当众宣布他们的过失，使其无地自容，他们愈是觉得自己的名誉已经受到了打击，设法维护别人好评的心理也就愈淡薄。"可见，当着别人的面批评教育子女的方法不足取。如果孩子一有过失，家长就公开宣扬出去，使孩子当众出丑，其结果只会加深孩子的被训斥的印象，感到自己在众人面前丢了面子，因而产生自卑和逆反心理。

在玩具专柜、甜品店、游乐场里经常会看见号啕大哭的孩子，还有一旁叉腰怒目的家长，他们一边呵斥，还一边指着周围对孩子凶道："你看看，这么多人看着你哭，你好意思吗？""你看那边有一个和你一样大的小孩，人家都不哭不闹，多听妈妈的话，你看看你们差距有多大。"家长往往觉得当着外人的面会是一个教育的好时机，借助小孩子的自尊心让他纠正自己的错误举止。这样的出发点很理想，但是收效一定甚微。

父母要意识到，无论是对孩子的表扬还是批评，都是一种情感互动。父母的教育方法太强势，往往导致孩子没出息；父母性情太粗暴，往往导致孩子性情也狂躁。父母表扬孩子可以当众进行，甚至可以充满仪式感地表达，以此激励孩子；但是批评需要谨慎，不妨用私下、私密且温和的方式进行。教育孩子最重要的，是要维护他的人格尊严，保护孩子的心灵。

切勿因孩子看似不在意家长的"揭短"，就当着别人的面说自己孩子的不足。殊不知，这会严重伤害孩子的自尊心，给孩子内心留下阴影。上述例子中，家长的心情是能够理解的，但是做法却不太明智。家长要知道，教育孩子的最终目的是让孩子认识错误并改正错误，而非在过程中造成孩子的尴尬与自尊受损，这无疑是本末倒置、得不偿失的。为此，家长应做到以下几点：

1. 以平常心看待孩子的缺点

每个人身上都有缺点，孩子自然少不了缺点。如果家长过分在意孩子的缺点，那么孩子的一点小毛病就会被你视为大问题，这样你看到孩子的缺点就容易忍不住去指责；如果用平常心看待孩子的缺点，便不会对之过分介怀。这样你会抱着更加理解和包容的心态去帮助孩子改正缺点，而不是无缘无故地在众人面前揭孩子的短。

2. 私下指出孩子的缺点

发现孩子的毛病或缺点，家长有责任指出，但是要注意场合。如果有其他人在场，即使孩子的缺点再明显，也不可大张旗鼓地指出来。你可以给孩子一个善意的暗示，随后在私下里与孩子进行深入的沟通与交流。这样的处理方式能够让孩子感受到家长照顾了自己的感受，那么孩子就容易虚心地改正错误。

3. 指出孩子缺点时要语气平和

部分家长在面对孩子的顽皮行为时，往往容易情绪化，采取批评甚至责骂的方式，希望孩子改正缺点。然而，这种做法往往适得其反，孩子自尊心受到了严重的伤害，并且会因为自己的缺点感到羞耻和自卑。例如，有个孩子天生高度近视，东西要放到鼻子前才能看得清。爸爸见了又气又急，经常骂道："什么东西都要拿到鼻子底下去闻！"孩子视力不好，他本来已经很痛苦了，结果爸爸还经常当着别人的面训斥他，心中更是痛苦和自卑，因而常一个人躲在外面痛哭。此类行为对孩子的身心发展无疑是有害的。所以，家长指出孩子的缺点时，语气很重要。

其实，孩子比成人更爱面子。他们对于赞扬是极其敏感的，并且在比我们想象的更早的幼年时期就具有这一敏感度。他们觉得，自己能被别人看得起，尤其是被家长看得起并当众夸奖，是一种莫大的快乐。所以，当家长跟别人提起自己的孩子时，不管孩子有多么调皮、捣蛋，都要怀着赏识和尊重的心态去肯定他们。

别动不动就拿分数说事

在传统的教育中，一试定乾坤，分数成了孩子的命根子。由于分数，孩子被人为地划分为上、中、下三等。由于分数，孩子被锁定为聪明与愚蠢、有前途与没出息几类。

然而，家长应该清楚地意识到，教学的终端结果——分数是不能完全体现整个丰富多彩的教学流程的。以考试来评价孩子，仅仅是方法之一。把孩子的优劣单纯地以考试的分数来衡量，这显然是不科学的。更何况，传统的考试，方法单调，模式单一，测试手法雷同，试题答案唯一，缺乏灵活性和创造性。如此考试得出的分数，又怎么可能衡量孩子的优劣呢？

家长如果老拿分数说事，对孩子的成长会造成不利的影响。

只看分数，会增加孩子的心理压力和学习焦虑感，从而导致厌学。分数绝不是学生的一切，某一次考试绝不代表孩子学习的全部。可惜父母往往是望子成龙，盼女成凤，急功近利，如此反而适得其反。父母过分看重分数，无形中给孩子增加了重重的心理压力，导致学习的过度焦虑，这种焦虑就是对当前或潜在成绩上的一种过度担忧，严重的会使孩子对某些学科失去信心，导致厌学。

只看分数，会极度挫伤孩子的学习积极性。每逢考试结束，孩子带着试卷回家，很多父母的第一句话总是：考了多少分？当获知成绩后，父母总是表现出不满意的表情，"才98分呀，下次努力。""这次考了100分，下次可要保持住啊。"事实上，父母对孩子的要求一直很高，对孩子的现状从来就没有满足的时候。孩子在得到这样的答复后会怎样想呢？这样的孩子还有多少学习的积极性呢？

　　只看分数，不利于促进孩子与同伴、教师之间形成良好的人际关系，甚至导致孩子出现人格缺陷。现在，很多人以分数来衡量一个孩子，孩子学习成绩好，就是好孩子，学习成绩差，就是差孩子。作为父母，如果只是看分数，就会导致考试分数低的这些孩子，往往是孤立的，朋友不多，不受欢迎，别人谈笑风生，自己却躲在角落。别人讨论题目，这些孩子要故意岔开回避。长此以往，会导致孩子不说话，内向、孤僻、偏激，甚至破罐子破摔。

　　考试分数是学校在教学过程中对学生的某门课程进行一定阶段的检查所做的成绩评定。它只是在一定程度上反映学生的知识掌握情况，而不能反映孩子的智力水平和综合素质，更不能以分数的高低来衡量学生优劣。作为家长，注重孩子的学习成绩，是关心孩子的具体表现，但应如何看待分数，却是一个科学而又严肃的问题。

1. 既要看孩子的绝对分数，又要看相对分数

家长在看待孩子的分数时，既要看分数的多少，又要看所得分数与孩子自己比是进步了还是退步了，与班内同学比是位于上等、中等还是下等。如果与自己比进步了，那么就应赏识和鼓励孩子，反之，就要帮孩子全面分析退步的原因，当与同学横向比较时，也就能更加清楚孩子在班级所处的位置，以便为孩子制订好下一步的学习计划。

2. 不要给孩子规定分数的硬性指标

如果家长给孩子规定考试分数的硬性指标，那么就会压抑孩子学习的积极性，使孩子产生畏惧心理，更严重的会产生厌学情绪和逆反心理，还很有可能导致孩子考试作弊、对家长说谎等不良品德行为的形成。

3. 衡量分数时，要具体情况具体分析

一般而言，孩子所在年级越低，学习内容就相对简单些，考试所得分数也就相对高些，而随着年级的升高，科目的增多，内容的加深，相对来说考高分就不那么容易了。另外随堂测试和单元测试，得分可能高一些，而期中期末考试，得分就可能低一些；至于学年末及毕业考试等，要考高分就难得多了，而且分数往往还受题目的难易程度、知识覆盖面的大小、孩子身体状况、考前复习准备以及心理状态等多方因素的影响。因此，家长不要只看分数的多少，而应根据具体情况进行具体分析。

实践证明，应试教育下的高分低能，早已不受人们的欢迎。因此，家长不要一看到孩子的某次分数不高就失望。"天生我材必有用"，孩子各有各的特长，他干这行不行，干另一行很可能就是高手。所以，在大力提倡素质教育的今天，孩子考试分数的高低，不足以代表其综合素质的全面发展，也不应将其作为论其成败的唯一标准。

发生冲突时，请保持冷静与理智

　　无论是因为孩子的行为不当，还是由于未能满足父母的期望，家庭中的紧张局势总是难以避免。然而，家长在面对冲突时，保持冷静与理智尤为重要。这不仅有助于化解矛盾，还能为孩子树立良好的榜样。

　　冷静是解决冲突的第一步。当情绪失控时，往往难以实现理智的思考和有效的沟通。保持冷静能够让家长更清楚地分析问题，找到解决方案。过度的情绪反应只会加剧矛盾，导致沟通障碍，使得问题更加复杂。

　　心理学家约翰·戈特曼在他的研究中发现，夫妻之间如果能够在争吵时保持冷静，更容易找到解决问题的方法，家庭关系也更加和谐。家长在与孩子发生冲突时，保持冷静也能促进有效沟通。

　　马上要中考了，妈妈发现莉莉却还在偷偷玩手机游戏，感到非常生气。她本可以立即发火，责骂莉莉火烧到眉毛还不知道着急。但她决定先冷静下来，深呼吸几次，然后平静地对莉莉说："我看到你现在还在玩手机，这让我有点担心。我们能不能一起想想，怎么才能更好地安排时间，让你中考时更有把握？"

莉莉听了妈妈的话，主动上交了手机，并和妈妈一起制订复习计划。这种冷静的处理方式，不仅缓解了紧张局势，还帮助莉莉学会了时间管理。

保持冷静与理智，是化解亲子冲突的重要前提。具体来说，家长可以按照如下几个步骤去做：

1. 深呼吸和暂时离开

在情绪即将失控时，家长可以通过深呼吸或暂时离开现场来冷静自己。这种方法可以帮助家长迅速平复情绪，避免因一时冲动而说出伤害孩子的话。

2. 识别情绪触发点

了解自己在什么情况下容易失控，识别情绪的触发点，可以帮助家长提前预防情绪失控。例如，有些家长可能在孩子不听话时容易生气，而有些家长则可能在工作压力大时更易失控。

3. 尝试共情

在面对冲突时，尝试站在孩子的角度思考问题，理解他们的感受和需求。共情可以缓解家长的情绪，使沟通更加有效。

4. 寻求支持

在面对冲突和压力时，家长也需要寻求支持。可以向朋友、家人或专业人士寻求建议和帮助，缓解自己的压力。

5. 反思与总结

在每次冲突后，家长应反思自己的行为，总结经验教训，寻找改进的方法。通过不断反思和总结，家长可以逐渐提高自己的情绪管理能力。

伤害孩子的话，一句也不要说

也许你从来没想到过，自己随便说出来的一句话，会对孩子的心灵产生多么重大的影响。你所使用的语句可能引导孩子更加乐于合作，更加自信，但也可能令他们感到挫败和失去信心。

因此，作为家长，应该多说能解决问题并让孩子快乐的话语，永远拒绝那些伤害孩子的话溜出自己的嘴。

提起对孩子的伤害事件，人们首先想到的是被人抢劫、勒索、欺负、性侵害以及被家长或教师体罚等。但是对孩子而言，他们怕的"软"伤害远胜过这些"硬"伤害，在他们的心中，排在第一位的是软性的"语言伤害"。中国少年平安行动组委会曾公布了一项内容为"你认为最急迫需要解决的家庭伤害"的专项调查，结果显示：81.45%的被访孩子认为家庭"语言伤害"是最急需解决的问题。

这是一位作家笔下的邻居：

我的邻居拉金斯太太有个淘气的儿子卢克，大家都认为他很淘气，不听话，我却不这么认为。当卢克跟小朋友们玩时和普通的孩子没什么两样，而一旦拉金斯太太出现，他就表现得不一样了。如孩子们在沙地上正玩得高兴的时候，只听见拉金斯太太在很远处喊道："卢克，你要是再把衣服弄脏，就别想吃晚饭了！"

可怜的卢克看了一眼已经脏兮兮的衣服，就继续挖沙子玩。过一会儿，拉金斯太太又喊道："卢克，回家吃饭了！你要不回来我再也不管你了，你这个不听话的坏孩子！"她这种叫喊经常没有任何结果，每次都会以小卢克被她强行拎着耳朵拽回家收场。她的做法，别说是一个孩子，就是一个成年人也会无所适从，怎么可能不产生逆反心理？

家长在动怒的时候，往往口无遮拦。因为是自己的孩子，觉得有资格骂，所以多难听的话都能说出来。有时觉得说得越难听，越能提醒孩子注意。实际上，许多话是有严重后果的，绝对不能说出口。一旦说出，就会对孩子造成严重的伤害。

一个人最重要的是什么？是尊严！假如连自尊也随便被践踏，他还算一个独立的人吗？孩子虽小，但一样有生存的权利、做人的尊严。忽略孩子的基本权利，这样的家长是不合格的。

很多家长可能会说："孩子是我生我养的，我怎么不能说他？"没错，是你给了孩子生命，给了他生存的保障，但生他是你自愿的，养他则是你的责任。孩子不是家长的附属品，也不是家长的奴隶，家长有什么权利剥夺孩子的尊严呢？

家长不妨静下心来想一下，假如自己小时候在家长的辱骂中成长，会是什么心情？自信、自立的基础是自尊。一个在羞辱中长大的孩子，他的自尊是残缺的，他的内心是自卑的，将来，他如何有信心面对生活和事业？一个从小失去尊严的孩子，长大后会堂堂正正做人，抬起头来走路吗？若你期望你的孩子未来能自由翱翔，而非沦为生活的奴隶，那么就把自尊还给他！

家长要避免对孩子的"语言伤害"，并不是件难事。下面的建议，不妨作为家长的参考：

第一，要清醒认识到"语言伤害"的严重程度，在思想上高度重视。

第二，要多鼓励孩子，采用积极性语言教育孩子，时时刻刻注意不对孩子说伤害他们的话，尤其是在"恨铁不成钢"或气急的情况下，更要保持理智，控制好情绪，努力做到和风细雨、循循善诱。

第三，讲究批评的艺术，要以提醒、启发来代替指责、训斥。如用"我相信你可以做得更好"鼓励孩子有更努力的动机，用"没关系，慢慢来，尽力而为"帮助孩子调整焦虑、紧张的情绪，等等。

第四，要做好自我调整，以平常心看待自己的孩子，根据孩子的生理、心理特点，因材施教。

俗话说得好，"良言一句三冬暖，恶语伤人六月寒"。同样是

语言，功效却截然不同。家长若要科学地教育孩子、关爱孩子，就该多用"良言"，禁用"恶语"，以免对孩子造成"语言伤害"，酿成无法挽回的过错。作为家长，为了孩子，从现在开始，改变自己的说话方式吧。以下类似这些话请一定要避免：

（1）滚！

（2）烦人！

（3）你考这么点分还好意思回来？

（4）我数到3，不然我就打了啊！

（5）又这样，真是教不会的木头！

（6）没有那么多为什么，我说不行就不行！

（7）反了你了！

（8）住嘴！你怎么就是不听话呢？

（9）屁股痒了是不是？

（10）这么大了，一点出息也不长！

（11）你考这点分，对得起我吗？

（12）不好好学习，长大了只能去捡垃圾！

……

打不是亲，骂也不是爱

"打是亲，骂是爱。"很多家长都崇尚这句老话，以为对孩子棒打口骂，正是爱孩子的体现。这也从另一侧面体现出，父母"望子成龙、盼女成凤"之心是如何迫切。

可是，教育专家认为，打骂教育是中国传统专制家庭制度的残余，会对青少年身心造成严重摧残。打骂教育也是一种畸形的家庭教育方式，不仅阻碍孩子走向成功，而且还有可能酿成家庭悲剧。

据一项媒体所做的调查显示，在接受调查的498名大学生中，54%的人承认自己在中小学阶段经历过父母的体罚，其中体罚的形式以父母手打脚踹为最多，占到88%，从体罚的种类看，辱骂、罚跪、罚站等占比最多。

很多事例表明，从严、粗暴的教育方法，不但达不到教育的目的，而且会使孩子形成各种心理问题，而这往往会成为孩子日后不良行为形成的根源。

打骂不是教育孩子的好方法，更不是爱的体现。要遏止打骂孩子的现象，父母必须充分认识到打骂孩子的危害。

第一，会造成严重的亲子隔阂。孩子遭打的时候，没有心里舒

坦的。皮肉之苦，会导致他们产生怨恨、逆反、畏惧等心理。而后果就是，孩子与父母之间的亲情日益淡漠，隔阂越来越深，个别孩子甚至会产生报复心理。

第二，会造成悲观厌世情绪。每个孩子都有自尊，希望得到别人包括父母的尊重，而这一份尊重、信任，会使孩子产生自信，这是他们前进的重要动力。经常挨打的孩子，自尊心受到损害，产生自卑，极容易走上自暴自弃、破罐子破摔之路。父母本是孩子最亲近的人，经常遭父母的打骂，孩子会感到人世间没有温暖，活着没有意思，于是悲观厌世。现实中，由于遭受父母打骂，出走者有之，自杀者有之，造成的家庭痛苦是难以言状的。

第三，令孩子陷入孤独的深渊。经常挨打的孩子，会感到孤独无援。尤其是父母当众打孩子，会使孩子的自尊心受到伤害，往往会怀疑自己的能力，会自感"低人一等"，表现出压抑、沉默，认为老师和小朋友都看不起自己，因此抬不起头来。这一类孩子往往不愿意与父母和老师交流，不愿意和小朋友一起玩，性格上显得孤僻。

第四，导致孩子说谎。有的父母发现孩子一旦做错事就打。为了逃避挨打，往往迫使孩子违心地说谎，瞒得过就瞒，骗得过就骗，因为骗过一次，就可减少一次皮肉之苦。但是孩子说的谎，往往站不住脚，易被父母发现。为了惩罚孩子说谎，父母态度更加强硬。为了避免再被父母暴打，孩子下一次做错事更要说谎，这样就构成了恶性循环。

第五，造成孩子人格畸形。从心理学角度讲，父母粗暴高压，会导致本来性格倔强的孩子产生抵抗意识、对立情绪，进而变得性情暴躁，行为粗野，甚至形成攻击型人格，容易对别人施暴，难以建立良好的人际关系；而性格怯懦的孩子，会产生严重的畏惧心理，表现出软弱的顺从意识，进而形成退缩、胆小怕事的性格等，这样的后果，将影响孩子的整个人生。

英国哲学家约翰·洛克曾提出过：要尊重孩子，要精心爱护和培养孩子的荣誉感和自尊心，反对打骂孩子。他甚至断言：打骂式的管教，其所养成的只会是"奴隶式"的孩子。经历了几个世纪，可以说，约翰·洛克的判断几乎都变成了事实。

打骂不是对孩子的真爱，那是一种畸形的爱，父母对此一定要提高警惕。真正理解并深爱孩子的父母，应当是那些能够坚决摒弃打骂与暴力，转而以积极、建设性的方式与孩子沟通的父母。他们懂得为孩子营造一个充满爱与快乐的成长环境，让孩子的心灵得以自由翱翔，健康成长。这样的爱，才是促进孩子全面发展、培养其健全人格的真正动力。

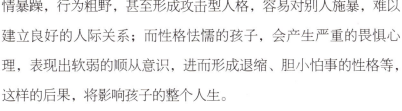